I wrote all those books of mine to express and develop my ideas in economics which I have always loved.

  — Edmund S. Phelps

埃德蒙·费尔普斯

我的经济学之旅

Edmund Phelps
［美］埃德蒙·费尔普斯 著
何志毅 张占武 译

MY JOURNEYS
IN ECONOMIC THEORY

中信出版集团｜北京

图书在版编目（CIP）数据

埃德蒙·费尔普斯：我的经济学之旅 /（美）埃德蒙·费尔普斯著；何志毅，张占武译. -- 北京：中信出版社，2024.12. -- ISBN 978-7-5217-6946-3

Ⅰ. K837.125.31

中国国家版本馆 CIP 数据核字第 2024L8188Y 号

My Journeys in Economic Theory
Copyright © 2023 by Edmund S. Phelps. All rights reserved.
Simplified Chinese translation copyright © 2024 by CITIC Press Corporation
Published by arrangement with Columbia University Press through Bardon Chinese Creative Agency Limited
ALL RIGHTS RESERVED
本书仅限中国大陆地区发行销售

埃德蒙·费尔普斯：我的经济学之旅

著者：　[美] 埃德蒙·费尔普斯
译者：　何志毅　张占武
出版发行：中信出版集团股份有限公司
　　　　　（北京市朝阳区东三环北路 27 号嘉铭中心　邮编 100020）
承印者：　嘉业印刷（天津）有限公司

开本：880mm×1230mm 1/32　　印张：9.75　　字数：184 千字
版次：2024 年 12 月第 1 版　　印次：2024 年 12 月第 1 次印刷
京权图字：01-2024-1436　　　　书号：ISBN 978-7-5217-6946-3
定价：79.00 元

版权所有·侵权必究
如有印刷、装订问题，本公司负责调换。
服务热线：400-600-8099
投稿邮箱：author@citicpub.com

专家推荐

埃德蒙·费尔普斯是经济学家中的文艺复兴知识分子。60年来，他不断提出新颖、优秀和根本性的观点。他的一生是非凡的一生，这本非凡的书讲述了他的故事。

劳伦斯·萨默斯 美国财政部前部长

费尔普斯是经济学界的瑰宝，他是一位具有惊人独创性的学者，同时他还拥有坚持不懈的精神和雄辩的口才，能够将自己的非正统观点传达给读者。这本回忆录生动地展示了他是如何做到这一点的。

埃里克·马斯金 诺贝尔经济学奖得主，经济学教授

费尔普斯写下了一部典型、清晰的知识分子传记，讲述了他作为一位对现代经济学产生了深远影响的独立而富有创造力的理

论家,在经济学的道路上经常独来独往又始终勇敢前行的故事。这本书为他的诸多贡献提供了背景资料,是一位塑造了现代经济思想的学者撰写的一部宝贵的现代经济思想史。

詹姆斯·赫克曼 诺贝尔经济学奖得主,经济学家

诺贝尔经济学奖得主费尔普斯撰写了一个令人愉悦、振奋的关于智力发现和创造力的故事。这本书将读者带入了过去半个世纪的经济学大讨论。费尔普斯揭露了伟大的经济学家的才华和谬误,同时揭示了人类成就的本质和个人特质。

菲利普·霍华德 畅销书作者

这本书是费尔普斯撰写的一本感人至深、坦率直言的回忆录,它揭示了创作过程中不可避免的起起伏伏。

帕塔·达斯古普塔 经济学家,剑桥大学名誉教授

在费尔普斯的最新旅程中,他发现了一种革命性的美好生活理论:除了提供休闲和物质享受,现代经济还让参与者参与冒险和自我发现。这些深刻的观点与费尔普斯自己的生动而真实的故事相得益彰。

理查德·罗伯 哥伦比亚大学教授

在这部引人入胜的回忆录中,作者带领我们走过了一段旅程:从童年痴迷于创造力,再到获得诺贝尔奖。他解释了为什么要充满活力、什么是创新以及如何实现工作价值。这是所有经济思想爱好者的必读书。

格伦·哈伯德 哥伦比亚大学教授

费尔普斯一直是 20 世纪 60 年代最杰出、思想最深刻的经济学家之一,他在整个职业生涯中都进行了深入而广泛的思考。这部回忆录给读者留下了深刻印象,将让人们深入了解费尔普斯所做的贡献。

布拉德福德·德龙 经济史学家,加利福尼亚大学伯克利分校经济学教授

这本书令人着迷……费尔普斯在思考新事物,也在思考重要的、令人振奋的事物。

《金融时报》

当我们展望一个由人工智能和自动化挑战主导的世纪时,费尔普斯正在研究的问题——如何提供有意义的工作以使社会繁荣——仍然至关重要。

《阿默斯特杂志》

我向所有对经济理论的演变感兴趣的人推荐这本书。哲学、政治学或历史学专业的学生在阅读这本书时将受益匪浅,并乐在其中。

《中央银行杂志》

这本书写得引人入胜。

《商业经济学》

这是一本值得坚持阅读的书。

《爱尔兰时报》

目 录

推荐序	推窗，但见群星闪耀 V
中文版自序	IX
前 言	XIII

| 引 言
成长岁月 | 多彩的求学岁月　004
从大学开始步入经济学的世界　012
耶鲁大学的研究生生涯　019 |

| 第一章
初出茅庐：
储蓄与公共债务的
"黄金律" | 背景：关于公共债务的争议　037
论中和公共债务　041
验证凯恩斯主义观点　044
在考尔斯基金会的时光　046 |

第二章	将预期引入失业理论 059
新方向：不确定性与预期	加入经济学家小组 064
	建立一个新理论模型 067
	一场新运动的兴起 075

第三章	《通货膨胀政策与失业理论》 081
失业、工作回报和就业歧视	财政政策与货币政策 085
	统计歧视 087

第四章	利他主义对经济的影响 095
利他主义和罗尔斯正义	探讨罗尔斯的《正义论》 099
	对全民基本收入的讨论 107

第五章	浅谈供给侧经济学 117
供给学派、"新古典"和非凯恩斯式萧条	新古典学派 123
	撰写《政治经济学》 128
	在罗马和菲耶索莱的工作 132

第六章	东欧经济转型 143
变革的 10 年	失业率背后的结构性机制 149
	《结构性衰退》一书的反响 160
	有益的工作：对罗尔斯理论的补充 163

| 第七章
理论创新与学术巅峰 | 经济学学术盛宴　176
新视野：本土创新　182
诺贝尔奖　192 |

| 第八章
本土创新的巨大浪潮、
有意义的工作和美好
生活 | 中国记忆　205
一个关于创新、繁荣和增长的理论　209
检验我的本土创新理论　229
能否重拾增长与繁荣　233
回顾过去　237 |

尾　声　241

致　谢　253

附　录　257

注　释　259

译者后记　279

推荐序

推窗，但见群星闪耀

在这本书的翻译中，大量的人名是让我头疼的问题。统校完这本书的译稿后，我突发奇想，统计了一下埃德蒙·费尔普斯教授在此书中到底论及多少位诺贝尔经济学奖获得者。统计的结果是 31 位，连他本人共计 32 位。也就是说，读了这本书，我们不仅可以了解费尔普斯教授的一生，也可以通过这扇窗户看见群星闪耀的其他 31 位诺贝尔经济学奖获得者之间的惺惺相惜和恩恩怨怨（如果有的话）。

在这 32 位获奖者中，最早的是 1970 年获奖的保罗·萨缪尔森，最晚的是 2024 年获奖的达龙·阿西莫格鲁，时间跨度为 54 年。费尔普斯教授于 2006 年获奖，时年 73 岁。比他早获奖的有 27 位，其中有他在哥伦比亚大学的同事罗伯特·蒙代尔、约瑟夫·斯蒂格利茨。在获奖者中，有24位美国人，3位英国人，1位奥地利人，1位印度人，1位瑞典人，1位加拿大人，1位荷兰人。其实，印度人阿马蒂亚·森、荷兰人佳林·库普曼斯、加拿大人威廉·维克里都是在美国教书的，只是保留着本国国籍，也应该算成美国人。因此，获奖者中实为美国人的有27位，非美国人仅5位。我们查得这么仔细，是为了求证诺贝尔经济学奖获得者的圈子其实是美国经济学家的小圈子。

　　费尔普斯教授的夫人薇薇安娜经常不无幽默地说："跟我结婚前他就说会获得诺贝尔奖，但他73岁才获奖。"2001年，众多经济学家为费尔普斯教授举办了一场学术研讨会，至少有9位诺贝尔奖获得者参加了会议。费尔普斯教授在书中写道："在所有论文和评论发表完毕之后，我走到主席台宣布晚宴安排。然而，我还没来得及开口，坐在前排中间的罗伯特·蒙代尔就开始热烈鼓掌，随即100多位与会者也纷纷起立鼓掌，那是我职业生涯中最激动人心的时刻。"那一次会议的论文集的副标题为：向埃德蒙·费尔普斯致敬。

　　费尔普斯教授在书中还提道："人们普遍认为，在庆祝活动上展示出来的激情将传达给诺贝尔奖委员会成员。当此方法未能起效时，有人告知我，一群支持者安排了一辆装满提名文件的手推车，并将其提交给委员会；然而，组织者被告知这样做不但无益，还可能适得其反。尽管如此，我必须专注于我的工作，并不再指望获得诺贝尔奖。"后来，2006年10月9日，诺贝尔奖获奖通知的电话铃声还是响了起来。读了费尔普斯教授的故事，对于有可能获得诺贝尔经济学奖的中国学者，我祝愿他们像费尔普斯教授那样放下这个包袱，专心致志地做自己的研究，也许那个获奖通知的电话铃声会在某天响起，无论是在73岁还是在84岁的时候。

对费尔普斯教授而言，在获得诺贝尔奖之前就得到了众多经济学家和诺贝尔奖获得者的认可和尊重，这是一种很大的荣幸，这种荣幸甚至不亚于获得诺贝尔奖。于我而言，能够有机会与费尔普斯教授共事8年并成为朋友，还通过费尔普斯教授认识或者见到了众多诺贝尔经济学奖获得者，也是一种荣幸。我曾经与罗伯特·蒙代尔教授有过合作，也在北京大学和上海交通大学接待过爱德华·普雷斯科特、保罗·克鲁格曼教授，后来还通过费尔普斯教授邀请了埃里克·马斯金、罗伯特·席勒、埃尔文·罗斯教授来中国参加我们举办的学术峰会。2023年，我去纽约为费尔普斯教授祝寿，又见到了詹姆斯·赫克曼和约瑟夫·斯蒂格利茨教授。掐指算来，我也多多少少交往过9位诺贝尔经济学奖获得者。这不仅让我见识了这个圈子，也鼓励我像他们那样思考经济学理论和实践的前沿问题,从而致力于经世济民。

  这本书仅仅是一扇窗户,费尔普斯教授的一生精彩纷呈,还有多扇窗户有待于读者自己去开启。

何志毅

清华大学全球产业研究院首席专家

北京大学光华管理学院教授

中文版自序

作为一名经济理论研究者，与读者分享我的职业生涯故事我深感荣幸。

回首往昔，中国之行以及一路走来结识的众多朋友都给我留下了宝贵的回忆。在担任闽江学院新华都商学院院长的6年时光里，我遍访各地，参访初创企业，结识了许多年轻的企业家，并在大学发表演讲。同时，我也很荣幸多次受邀在重要会议上发言，这为我一次又一次分享自己的观点提供了理想的平台。

2014年，我有幸获得了"中国政府友谊奖"。对我而言，这是一项非凡的荣誉，让我感到喜悦与振奋。

20世纪50年代初，当我还是阿默斯特学院的一名学生时，原本打算主修哲学的我在父亲的鼓励下选修了经济学课程。我喜欢这门课程的神秘和挑战，并从事经济学研究和教学长达70年。

通过这本书，我希望能够激发新生们对经济学领域的兴趣，或许亦能鼓励老生们和从业者踏上新的发现之旅。

这本书的主题之一是澄清关于创造力的误解，即创造力仅存在于实验室和精英科学界。在我看来，新想法和新方法往往是由在企业工作的大量普通人发现的。这些人在发展自己的想法时，表达了自我，发挥了想象力，并实现了蓬勃发展。

我的"大众创新"理论在2013年出版的《大繁荣》一书中被首次提出，并随后在2020年出版的《活力》一书中得到了验证，即当一个国家的人民拥抱现代价值观时，国家就会走向繁荣，因为他们无惧竞争，直面挑战，拥抱未知。

非常感谢何志毅教授为此书的出版所付出的一切，我从他身上学到了许多关于中国的知识，他是我最亲密的挚友。

同时，感谢中信出版集团每一位为此书的出版辛劳付出的工作人员，也感谢他们在过去10年里为我其他著作的出版所做的努力和奉献。

致我的中国读者：愿你们翻阅此书时，能开心阅读，乐在其中。

诺贝尔经济学奖得主

前　言

这本书讲述了在过去60年里我如何重塑经济理论的历程。起初，我将约翰·梅纳德·凯恩斯和约翰·希克斯所提出的就业理论纳入微观经济学基础。在这期间，我进一步提出了一种新的理论，取代了约瑟夫·熊彼特和罗伯特·索洛的增长理论。这个新理论表明，创新和工作满意度主要来源于经济活动中大范围的大众活力。

同时，这本书的内容也涵盖了我在经济理论学家职业生涯中的个人经历：竞争激烈的对手、相互碰撞的观点、低估我的老师和我有幸接触过的伟大人物。更重要的是，书中还记录了我断然告别创新和经济增长的主流观点的历程。更为关键的是，我也断然告别了人们对于工作和生活本身的普遍看法。这些新构想令我感到满足。

对我而言,知识发展的核心动力在于发现新思想和发挥创造力的兴奋感,而不仅仅是测试或应用他人的模型。我成了一名理论家,最初投身于前几十年备受关注的厚重理论的研究中。然而,随着时间推移,我逐渐意识到,过去所有的理论工作都是构建在其他几位理论家的突破性成果之上的。我一直在构思新的元素来支持或丰富他人的基本理论,而不是构建出属于自己的独立理论。幸运的是,一种关于现代社会经济的新视角在我心中涌现,引领我在接下来的 10 年中建立起自己独特的理论体系,并重新审视和理解现代社会的经济结构。

我早期的研究始于我在耶鲁大学考尔斯基金会、兰德公司和麻省理工学院工作的前 6 年中接触到的一些概念和发现:(储蓄)黄金法则、公共债务的危害,以及投资资本的"风险"效应。我在宾夕法尼亚大学沃顿商学院、伦敦政治经济学院和剑桥大学工作的另外 6 年时间里,凯恩斯工资理论(被称为"宏观经济的微观基础")和均衡失业水平(米尔顿·弗里德曼所提出的"自然率假说")在概念方面实现了突破性进展。所有这些内容都属于标准经济学的范畴,包括古典经济学、新古典经济学和凯恩斯经济学。

在接下来的 10 年里,我先是在斯坦福大学的 CASBS

（行为科学高级研究中心）任职，随后在纽约度过了一段时间，不久之后来到我目前的归宿哥伦比亚大学，我开始远离现有经济理论的中心焦点。在 CASBS，针对 20 世纪 60 年代女性和黑人群体所表达的不满情绪，我撰写了一篇有关"统计性歧视"的文章。在纽约，我有幸与大学里和社会中的哲学家、知识分子就共同关心的问题进行交流。我组织了一场由利他主义实践方面的领军人物参加的跨学科会议，并在芝加哥法学院的攻击下为其辩护。随着我对社会和道德主题的思考日益深入，我的视野也在拓宽。

在 CASBS 工作期间，隔壁办公室的约翰·罗尔斯对我的工作产生了深远的影响。他的经济正义理念促使我撰写了一篇论文，以研究实现罗尔斯经济正义所需的税收结构。在罗尔斯的著作和我的论文发表之后，社会对最弱势劳动者的忽视一直萦绕在我的脑海中，甚至成为我首要关注的问题。经济正义的概念以及种族和性别平等的观念成为社会思想和政策讨论中的新力量。

我在 CASBS 开始撰写这本书，在书中提出了一种观点，即吸引人们（尤其是弱势群体）从事"有意义的工作"，这样他们就能体验到参与社会核心项目（经济活动）所带来的尊重感和满足感。（当然，这是一个非常西方的观点，在罗尔斯的伟大著作中也有所体现。）大约30年后，人们愈加意识到工作体验及其深刻的重要性，即工作在我们的生活中处于核心地位，这将对我的工作产生深刻影响。

20世纪90年代涌现出了其他争论和进展。我挑战了其中一种新的说法，即一个国家对总需求的刺激会波及贸易伙伴（"水涨船高"）的观点。我被凯恩斯与弗里德里希·哈耶克之间关于经济繁荣与萧条主要是由"结构性"力量驱动还是由"总需求"变化驱动的反复争论吸引。苏联解体后，我应邀参加了随之而来的关于资本主义和社会主义的讨论。在意大利经济停滞不前的时期，我又应邀分析了意大利经济中"企业和包容"方面的不足。

在那些年里，我被人们记住的主要贡献包括现实经济中的预期可能会偏离目标的论点，以及通过就业补贴提高最底层劳动力工资标准的论点，这些与我在新世纪所培养的新兴趣渐行渐远。

我开始探索新的研究方向：尝试重新思考熊彼特在其1911—1912年的著作中提出的创新理论。后来，该理论传授给了索洛等哈佛大学的学生。1956年，索洛将这一理论融入了他的"增长模型"，这是我和每一位训练有素的经济学家都必须研究和学习的新模型。

一种全新的经济视角开始在我的脑海中成形，保罗·约翰逊认为这种现代经济始于1815年左右的英国，然后于19世纪50年代末在美国和欧洲初见端倪。当我回顾同时代经济理论学家的标准理论（以及我自己的理论）时，我逐渐意识到一个奇怪的现象：虽然我和其他经济理论学家一直在运用人们普遍拥有的创造力，即利用想象力来创造新理论和新事物，但在现有的任何一个理论模型中，所有经济行为主体均未展现出哪怕是细微的创造力！在这方面，我之前的理论工作与其他人一样，都遵循了现有经济学的前提，也就是经济中的行为主体并不拥有也不会展现其创造力，更不用说去运用其可能拥有的任何创造力。（这种经济学只认识到工作的负面效应，而忽视了家庭调查中所用的术语"工作满意度"。）

我希望创建一个从根本上属于我自己的理论模型，而不是对其他理论学家的基本模型进行延伸或改进。与此同时，我开始从总体上思考关于人的创造力。我开始怀疑熊彼特的创新理论能否解释19世纪中叶到20世纪中叶生产率的爆炸式增长。我觉得自己已经准备好建立一种理论，这种理论的基础是许多人渴望发挥自己的创造力——他们的聪明才智和想象力。

21世纪初期，一个关于几个西方国家非凡经济成就的新想法开始在我脑海中形成。我逐渐意识到，在崇尚现代价值观的社会中,比如19世纪的英国、美国以及随后不久的德国和法国(仅列举大国),社会经济的大部分(也许是绝大部分),不仅仅是利用资本和劳动力投入以及科学发现所带来的任何技术进步来生产现有的产品和服务。在公司工作的人也在构思更好的产品生产方式,甚至生产新的产品。因此,很多人(其中大部分是"普通人")在国家经济中催生了令人印象深刻的本土创新,即来自本国商业内部的创新(这与外来创新形成鲜明对比,外来创新无论如何都是来自国家外部或商业部门外部的创新)。从熊彼特到今天的经济学家,仍然受到新古典主义思想的影响,他们无法想象有相当数量的人可能拥有推动经济发展的洞察力和直觉(个人知识)。

在这些社会中,这种活动最明显的回报可能就是物质利益:在这些西方国家,沃尔特·罗斯托所说的"持续增长的起飞"接踵而至。工资迟早会增长,农场和工厂的投资回报率也会上升到新的高度。由此带来的收入增长将工人阶级和中产阶级的生活水平提升到了前所未有的高度。(如果这种增长仅仅是熊彼特式创新的成果,那么它就不会如此集中于那四五个国家。)

最终,更令人震惊的是,许多商业人士深度参与其中,通过发挥想象力来创造新方法或新产品,这广泛体现了他们的创造力。这些人身上有一种非凡的"繁荣感",即迎接挑战、实现自我成长。对许多人来说,这些非物质回报的重要性丝毫不亚于工作带来的物质回报。大多数人需要工作来维持生活,但也需要展现自己的创造力和才能。在这种经济环境下,在滋养这种经济环境的社会中,普通人通过发挥自己的创造力,可以创造出一种比缺乏创造力的职业生涯更有意义的生活。

因此,我坚持认为,要充分了解一个国家的经济发展方向和成就,就必须深入研究其人民的品性,特别是一套促进渴望探索未知和尝试新事物之意愿的价值观。请逐步理解我所说的"本土创新"现象,即由人民的创造力(以及一套鼓励发挥创造力的价值观)推动的创新,为经济理论开辟了新天地。

然而,要充分了解人们的福祉,还必须认识美好生活的概念,它不仅是工资、财富、城乡的便利设施,以及这些方面的快速经济增长,还是具有创新性的事业,是许多员工参与讨论、构思和测试一种新方法或新产品的事业。在这样的情况下,迄今为止尚未试验过的方法或产品变成了太阳底下的新鲜事物,于是整个国家很快就参与了这一前所未有的活动。然后,这些国家很快就呈现出被我称为"大繁荣"的景象。

读者如果想在这本书中找寻过去 20 年我个人发展的一些轨迹,可以在最后一章中找到。我脱离了现有的模型——在这些模型中，我为凯恩斯对工资"黏性"的呼吁提供了微观基础，为罗尔斯的经济正义探索了税收结构，并注意到弗兰克·拉姆齐的最优储蓄理论所存在的问题。我转向了一个此前未被建模的领域，在这个领域中，创新无处不在，工作满意度高涨，美好生活不只是拥有财富那么简单。

在工作中，没有什么能让我感到如此愉悦。在构思这一大众繁荣理论的过程中，我深感自己充分运用了创造力，并获得了巨大的满足感。在理解了有意义的生活这一相当普遍的现象之后，我自己的生活也变得更加有意义了。

因此，这本书尽管讲了许多故事，但它并不是一本自传。它是一系列的回忆，讲述了我过去60年的思想和职业历程——从我早期对当时流行的就业理论的批判，到创立一个全新的创新理论，再到理解这一创新过程（在一些幸运的国家大约持续了一个世纪）如何成为广大人民获得有意义的工作和美好生活的主要途径。

引　言

成长岁月

我出生于 1933 年 7 月,当时我和父母居住在芝加哥北部的格伦伍德大道,那里距离密歇根湖只有几个街区。我和同时代的许多孩子一样,是独生子女。

我的母亲弗洛伦斯·埃斯特·斯通在家中的 8 个孩子中排行最小,她在伊利诺伊州迪凯特乡下的一个大农场长大。后来,她在芝加哥成为一名营养师,并在那里遇到了我的父亲埃德蒙·斯特罗特·费尔普斯。我的父亲是一位出色的鞋业制造商兼销售商的儿子,他在伊利诺伊州北部长大,并在芝加哥的一家银行谋得一个和广告相关的职位。

我一直觉得我的父母是一对让人羡慕的夫妻。我的父亲身高约 188 厘米,颇有些运动员气质。因为当时年龄太小,他未能加入美国陆军参与第一次世界大战，但加入了加拿大陆军。照片中的他英姿飒爽。我的母亲身高约175厘米，她虽然不擅长运动，但体格健壮。我父母都喜欢阅读，穿着讲究，并时常在星期六晚上出去，到厄齐沃特海滩酒店吃晚饭、跳舞。我的母亲非常善于交际，她先是担任了家长教师协会的主席，后来又当选为美国女性选民联盟的负责人。每天早上当我离开家去上学时，她已经在和协会成员通电话。我父亲喜欢和同事们一起在办公室工作，也喜欢去其他公司拜访客户。

我的父母都接受过大学教育。我母亲在迪凯特市的詹姆斯·米利金学院（现为米利金大学）学习家政学，而我父亲在伊利诺伊大学厄巴纳-尚佩恩分校学习经济学，并加入了棒球队。当然，这样的家庭背景影响了我对未来职业方向的选择。

瑞典电视台的一位采访者曾认为，我之所以选择学习经济学，是因为经历了大萧条时期。确实，我的父母当时都失去了工作，但那时我还太小，无法体会父母所遭受的艰难困苦。幸运的是，当时我祖父的鞋业生意做得不错，帮我们摆脱了困境，同时我母亲的兄弟姐妹也给予了我们帮助。但回想起来，如果我的父母没有失业，他们可能会更快乐。

然而，我们并不是一个不幸的家庭。我喜欢在公寓里到处跑，有一次不小心摔倒，在额头上留下了一道永久的疤痕。

我们有时会在夏天去海边。在一张老照片上,我拿着水桶和铲子,在密歇根湖边用沙子堆城堡。我小时候会心血来潮地在公寓里到处跑和创造一些东西。

也许我对这段时光最美好的回忆就是和父亲一起长途步行。我们在路上看到许多汽车,还看到芝加哥和西北铁路公司的"400"号列车从明尼阿波利斯向芝加哥飞驰,我能感受到发动机的力量。也许我的父亲无法用言语来描述这个世界的可能性,但这壮观的景象会鼓舞我,事实也确实如此。

1939年夏,我父亲在报纸上刊登广告后,在纽约找到了一份广告销售的工作。他很可能还在芝加哥的报纸上刊登过广告,但都没有结果。于是,我们搬到了美国东部。让我感到兴奋的是,公司老板奎格利先生把他的一套公寓让给我们住了几个星期。这套公寓有一个绝佳的阳台,通过阳台可以俯瞰宽敞的客厅,外面就是哈得孙河。这让我有一种感觉,那就是拥有这样的生活将会是一件非常美好的事情。

我感觉到我父母为开始有收入而感到欣慰,父亲也为有工作而感到高兴。他一生都热爱工作,在家里有时还会谈论办公室发生的事情。

在我父母对拥有最好学校资源的通勤区进行一番调查后,我们决定定居在哈得孙河畔的黑斯廷斯,一个名为"黑斯廷斯之家"的河边花园公寓楼群里,从那里可以眺望对岸的帕利塞兹。对一个6岁的孩子来说,这个地方为我发挥想象力提供了肥沃的土壤。(在战争年代,下游几英里①处扬克斯对面的岩石群看起来就像阿道夫·希特勒,1947年的一次山体滑坡最终将其抹去。)"黑斯廷斯之家"是我早年求学时居住的地方。由于年龄太小,我对第二次世界大战的记忆并不十分清晰,相反,让我记忆犹新的是小学一年级到高中时期那段求学岁月。

多彩的求学岁月

黑斯廷斯公立学校对我来说简直是天赐之物。我们班大约有50个男生和50个女生,人数不多也不少。我特别喜爱我的二年级老师墨菲夫人,后来,当我在2020年美国经济学会上获得"杰出会士"奖章时,我特地向她表示了感谢,感谢她教会我读和写。

我们班上有几个很有趣的同学:保罗·佩雷顿后来在黑斯廷斯担任律师;朱莉·斯科特成为加利福尼亚州一名杰出的建筑师,设计了位于洛斯阿尔托斯的帕卡德基金会大楼等多所教

---

① 1英里≈1.61千米。——编者注

学楼和办公楼；李·斯奈德成为一名神学家；唐·马里克成为一名卓越的化学家，开发了第一块锂二氧化硫电池；希拉·里尔登和鲍勃·布朗在纽约工作；朱迪·斯威特兰（她的母亲曾是电影歌手）后来去了好莱坞。虽然我们之间并没有强烈的竞争意识，但我知道自己必须努力才能赶上他们或保持领先。放学后，我居住的黑斯廷斯西北角碰巧没有与我年纪相仿的玩伴，所以我不得不想办法自己消遣。

大约 11 岁时，我对"黑斯廷斯之家"的猫咪数量进行过一次统计调查，那里的居民对此项调查也记忆深刻。后来，我每天晚上都会到州界附近交通繁忙的 9 号公路，观察驶过的每辆车的车牌号。我对来自各个州的汽车数量以及观察到的车辆分布变化感到着迷。我的父母似乎很理解我的这种好奇心，并尽可能地鼓励我。

1947 年夏，14 岁的我遇到了比我略大几岁的吉姆·伯尔尼，他住在多布斯费里，他家与我家一墙之隔。我们一起构想出了一个完整的棒球队联盟，在他的球队和我的球队之间进行比赛，并精心记录下所有比赛和联盟排名。最初，这些比赛都是在纸上进行的，这种感觉真的很神奇。后来，我们玩起了双人棒球游戏，互相投球。在这段时间里，我和父亲一起去看了我人生中的第一场棒球比赛。后来，我们在波罗球场观看了梅尔·奥特对阵斯坦·穆休的比赛。还有一次，我独自一人前往扬基体育场看泰德·威廉斯击球，当时他面对的是新推出的布德罗移位防守战术。我对那些棒球巨星充满了崇拜之情。

黑斯廷斯距离市区很近，这让我和家人有机会前往纽约市。即使在战争年代，我的父亲每个工作日也都要往返于这座城市，在漫长的一生中从未真正退休过。我们经常能抓住这座城市所能提供的一切机会。我们一起去看欧文·柏林亲自出演的歌舞剧《这就是军队》，还会欣赏音乐剧《俄克拉何马》。我和母亲有时会去无线电城音乐厅看电影或火箭女郎舞蹈团的表演，《青山翠谷》《歌剧魅影》《美人计》等影片给我留下了深刻的印象。我惊叹于加里·格兰特的时尚风格和英格丽·褒曼的神秘。当克劳德·雷恩斯所扮演的魅影的面具被撕下时，我为这种艺术形式的强大力量所震撼！这些早期的艺术体验为我的音乐梦想和艺术创造力奠定了基础，时至今日仍激励着我。

电影对我很重要，但报纸、广播和书籍也同样重要。多年来，我一直记得我在1940年听到爱德华·默罗在广播中用低沉的声音播报《这里是伦敦》的情景，他用这种声音报道了有关伦敦闪电战的最新消息。当我父亲把他在火车上读到的日报带回家时，我寻找着关于埃尔温·隆美尔（有"沙漠之狐"之称）和伯纳德·劳·蒙哥马利在北非战场上史诗般战役的报道。这些故事让我着迷，也让我开始阅读日报。

在我小时候，父亲曾给我读过《小熊维尼》和《现在我们六岁了》，这两本书激发了我读书的兴趣，于是我开始认真地阅读书籍。我从父亲书架上的书开始读起，包括罗伯特·路易斯·斯蒂文森的《金银岛》、杰克·伦敦的《野性的呼唤》和《白牙》等。这些书引导我阅读其他作品，比如亨利·赖德·哈格德的《所罗门王的宝藏》和《她》、阿瑟·柯南·道尔的《福尔摩斯探案集》、儒勒·凡尔纳的《海底两万里》。在我十几岁的时候，我被托马斯·曼的《魔山》、詹姆斯·希尔顿的《消失的地平线》、夏洛蒂·勃朗特的《简·爱》、艾米莉·勃朗特的《呼啸山庄》以及一大批主要由那个时代美国作家创作的小说吸引，诸如厄普顿·辛克莱、舍伍德·安德森、欧内斯特·海明威、约翰·斯坦贝克和托马斯·沃尔夫。我想更好地了解这个世界。

这些书都是极具想象力的佳作，无疑对我产生了巨大的影响。事实上，我发表的第一篇论文《资本积累的黄金律》就是以一个虚构王国的"寓言"形式写成的，在这个虚构的王国中，居民（"索洛维人"——以罗伯特·索洛的名字命名）需要回答一个政策问题。我一直认为，通过分析一个虚拟经济中的虚构人物，人们可以获得深刻的见解。为了理解真实的世界，我觉得我们必须先理解一些抽象的概念。

在迈向高中的成长岁月里，我一直与父母保持着亲密的关系。我感受到了他们的爱，也意识到他们竭尽所能地为我提供最好的条件。我的母亲出身清教徒世家，她的家族在莎拉·沃威尔有关马萨诸塞湾殖民地史的趣味作品《喋喋不休的船员们》中有所提及——因此，工作是她的重心。而直到我高中毕业之前，照顾我一直是母亲的工作。我每天放学回家，母亲都会从烤箱里端出热乎乎的巧克力曲奇饼干。（我上大学后，她才在扬克斯市找了一份教授家政学和营养学的工作。）母亲对此毫无怨言。我在吃完饼干并和母亲简短地交流后，便会拨到 WBAI 广播电台的频道，收听由查理·帕克领衔的 20 世纪 40 年代的爵士乐，接着翻看新到的杂志，然后练习小号。我的母亲总是坚定不移地支持着我和父亲。每当父亲下班回家时，我经常会和母亲一起开车去车站接他。

我的父亲很腼腆，也许这也遗传给了我，尽管有些朋友并不认为我腼腆，因为我也很喜欢在芝加哥和马德里与上千名听众交谈。当他在餐桌上谈到办公室里的一些事情时，我都会聚精会神地倾听。父亲是我与外部世界，尤其是商界联系的纽带，尽管他收入并不高。更重要的是，他是一位让我引以为傲的慈父。

我们家是"黑斯廷斯之家"乃至整个黑斯廷斯地区最早拥有电视机的家庭之一。那是一台内置33转黑胶唱片播放器的米罗华牌电视机，被装在一个红木家具里。有一天，父亲从城里回来，带回了一张《阿依达》咏叹调的唱片，其中一首由贝尼亚米诺·吉利演唱，另一首由一位意大利女高音歌唱家演唱。父亲作为纳尔逊·艾迪的粉丝，想让我熟悉这些歌手，当然他也支持我追求音乐梦想。

在我学习吹小号不久后，他带回家一张哈利·格兰茨演奏的号角录音带。格兰茨是阿尔图罗·托斯卡尼尼最喜爱的首席小号手，也是威廉·瓦奇亚诺的偶像。从父亲那里感受到的支持，对我来说意义重大。

我们全家很喜欢参加家庭聚会。夏天，我们开着1939年产的克莱斯勒汽车回芝加哥和梅森市探望我的26个表兄弟姐妹，后来我们每年都去圣劳伦斯湾的爱德华王子岛度假。父亲会和我一起打高尔夫，尽管我一直都不擅长。感恩节的火鸡大餐给节日带来了隆重的仪式感。圣诞节也是如此，我和父亲一起进城挑选圣诞树，用来自布拉格的美丽饰品和少量的金属箔来装饰它。圣诞节当天中午，母亲在分发完树下的礼物后，会全力准备圣诞大餐。

在我大约13岁的时候，父母带我接触了新教。我和父亲会并肩站立，一起唱马丁·路德等人的伟大的赞美诗，但他们似乎并不在意我最终没有继续去教堂。

  回首往昔，我发现父母总是给予我充分的自由去探索和挑战自己。他们不反对我沿着交通繁忙的9号公路骑行6个小时，即便这是一条卡车经常往来的公路。他们也不反对我在乡村俱乐部的游泳池边打工，用挣到的钱买车。我认为是他们这种充满信任并轻松随和的教育方式让我的生活变得更加丰富多彩。

  在高中时，我把大部分的空闲时间都花在音乐上——我有机会在高中管弦乐队和音乐会乐队中吹奏小号。九年级时，我的偶像是乐队的首席小号手查尔斯·诺里斯，他在那年春天毕业，并在同年夏天加入了查理·巴内特乐队。我很高兴能接替他担任高中的首席小号手，后来我还加入了哈得孙河谷爱乐乐团、阿默斯特学院音乐会乐队和史密斯学院管弦乐队。

  巴内特毕业后，他所在乐队的成员也相继毕业，这为我们中的一些成员组建新乐队提供了机会。我们的首场演出是在哈得孙河对岸的奈阿克，随后我们在韦斯特切斯特郡南部各地演出。这非常有趣，而且我们还赚了一些钱。我特别喜欢演奏《星光下的史黛拉》中独奏的部分，因此努力在脑海中回想比利·巴特菲尔德在阿蒂·肖乐队演奏时的声音。

演奏乐器要想熟能生巧，就需要"练习、练习、再练习"。我的小号老师梅尔文·沃肖是纽约爱乐乐团首席小号手，师从伟大的威廉·瓦奇亚诺，毕业于茱莉亚音乐学院。因此，我经常听瓦奇亚诺在罗伯特·肖录制的唱片《B小调弥撒》中演绎的铜管乐部分。我在高中时的音乐总监霍华德·马什曾是那张唱片中合唱团的歌手。几年后，我第一次听到罗杰·沃辛演奏乔治·弗里德里希·亨德尔的作品《弥赛亚》中那段震撼人心的《号角即将吹响》，那声音触动心弦。他后来成了波士顿交响乐团的首席小号手。正是我年轻时的这些偶像——瓦奇亚诺和沃辛——为我树立了表演艺术的典范，并展示了创造力所能达到的高度。

幸运的是，马什获准为我们8名音乐学生开设小班。有一天，他给我们布置了一些家庭作业——为一个C大调音阶配上连续的和弦，并使之和谐。我的构思让我和马什都大吃一惊，这也让我意识到我具有一定的创造力——后来我认为很多人都具有这样的创造力。

数十年后，当我在斯德哥尔摩遇到许多诺贝尔奖得主时，我惊讶地发现其中许多人都是造诣颇深的音乐家。因此，在科学理论和实验方面有天赋的人，很有可能在艺术表达方面同样有天赋。这使我想起我研究生毕业时，我希望多读些书来充实自己，所以阅读了五六本查尔斯·珀西·斯诺的小说。现在回想起来，我发现这些小说都有一个共同的主题，即艺术创造力和科学创造力源自一个共同的核心——人的创造力。

从大学开始步入经济学的世界

1951年夏末，我离家去上大学。我进入了阿默斯特学院，这是一所男子学院，坐落在马萨诸塞州西部的先锋谷，风景优美。这一届新生（1955届）大约招收了300名。

我想所有人都为能在这里求学而感到荣幸。在约300年老建筑围绕的公共区域上，学生们有时会在图书馆前的草坪上玩飞盘。行政办公室、约翰逊教堂及最初的两栋宿舍楼（北学院楼和南学院楼）都位于西侧。我大一的时候住在南学院楼，与我关系亲近的大多数同学也都住在那里。

大一是充满挑战的。英语课程从一张地图和一个"什么是阿默斯特？"的问题开始。当有人回答"它是地图上标着'阿默斯特'的那个点"时，我意识到班上的有些同学在某些方面比我见多识广。我学习了外语、微积分和科学等必修课，并完成了引体向上和游泳等体能测试。每天早上，我们都必须去无特定教派的约翰逊教堂听布道。我意识到我们正在接受训练,以便将来能够在这个国家发挥重要作用。所有这一切都有点儿令人心生敬畏。

为期两个学期的人文课程塑造了我的人生观,也对我毕生的事业产生了深远影响。古希腊戏剧和古罗马智者的作品给我留下了深刻的印象,文艺复兴时期的作品也是如此。我对切利尼的野心感到震惊,他竟然谋杀了一位竞争对手。我们也阅读了荷马的《奥德赛》,领悟探索的意义,阅读了伊拉斯谟的作品,感受拓展可能性的重要性,从马丁·路德的作品中理解个人主义,从蒙田的散文中学习个人成长,从塞万提斯的《堂吉诃德》中认识到自我检验的必要性,并从莎士比亚的《哈姆雷特》中汲取行动的勇气。

另一门关于柏拉图、大卫·休谟和亨利·柏格森的课程也给我留下了不可磨灭的印象。柏拉图的对话之美让我惊叹不已,休谟对于想象新事物之重要性的观点让我深思,而柏格森关于创造力和变化的观念更是让我深受震撼。在过去的25年里,这些观念逐渐融入我的工作并成为不可或缺的一部分。

这些在我生命中出现过的伟大人物一直在影响着我,尤其是他们身上的魄力及其创造性。我们如果要朝着新的方向前进,就需要这些榜样的激励。

接触其他文化对一个人的智力发展也很重要——可以

拓宽思维，获得原本无法想象的体验。理查德·戴维斯和约翰·斯通两位同学邀请我在夏天和他们来一次欧洲之旅。那时，第二次世界大战刚结束7年，有机会领略到正常时期的欧洲，真是令人神往。在大西洋上航行了几天后，我们又坐了一个小时的火车，便到达了巴黎。在星光灿烂的夜晚，我们在巴黎歌剧院广场喝啤酒。不久之后，我们来到罗马，在帕里奥利的屋顶露台用餐，然后去了维也纳国家歌剧院。最后，我们去了伦敦和牛津。我无法忘记那次经历：在从维也纳返回的途中，夜班火车在慕尼黑郊外的某个地方停了下来，车外是一望无际的废墟，那是我未曾经历过的战争留下的触目惊心的景象。一瞬间，我感觉自己有些恍惚。

在阿默斯特学院，我最初住在南学院宿舍，后来搬到了杰夫俱乐部（一种类似"大学社团"的组织）。和之前在黑斯廷斯上学一样，我很幸运地结识了一群后来取得了成就、有所作为的朋友。罗伯特·法格尔斯沉浸于古典文学，在新一波的英译浪潮中，他凭借对《伊利亚特》和《奥德赛》的翻译脱颖而出。迈克尔·萨尔是我们当中最才华横溢的，他既是作曲家，也是钢琴家，能用五弦班卓琴演奏蓝草歌曲，偶尔也会用酒吧的钢琴弹奏巴赫的《第五勃兰登堡协奏曲》（在琴弦上别上图钉来改变音色）让我们大饱耳福，而且他已经在音乐界声名鹊起。拉尔夫·艾伦能记住他读过的每一本书，并以前所未有的速度写下考试答案，他凭借百老汇热门剧作《甜心宝贝》实现了成为剧作家的梦想。这里的人们真是才华横溢、志存高远，因此杰夫俱乐部很特别。当罗伯特·弗罗斯特偶尔来阿默斯特学院访问时，他也会来到杰夫俱乐部，向全神贯注的观众发表演讲。我们都熟知美国诗人罗伯特·弗罗斯特的作品《未选择的路》中的那句："林子里有两条路，我选择了行人稀少的那一条，它改变了我的一生。"我确信，所有这些都激励了我，让我感到充满挑战。

起初，我考虑主修哲学，因为我发现它很有趣且清晰易懂。这时，父亲让我选修经济学课程，他认为我会喜欢。于是，我在第二年选修了经济学入门课程，并发现父亲是对的，因为我很快便发现保罗·萨缪尔森的教科书非常精彩，詹姆斯·尼尔森的讲座也非常诙谐有趣，而尼尔森正是萨缪尔森在哈佛大学研究生院的朋友。所以，我又选修了更多相关课程，并决定主修经济学。

在某种程度上，我之所以被这一领域吸引，是因为我希望能够解答我在入门课程中看到的一个难解的谜题。我不理解宏观经济学（关于投资和储蓄、劳动力、失业和利率等总量的计算）如何与微观经济学（关于企业、工人和投资者行为）联系起来，这两个领域之间似乎存在脱节。毫无疑问，我也被这样一种感觉吸引，即弥补这一脱节可能会对经济政策产生影响。

在大三和大四时，阿诺德·科勒里成为我的老师是我人生中的又一大幸事。他是来自普林斯顿的一位年轻的经济学家，思维敏锐，致力于货币理论与商业周期模型等宏观经济领域的研究。多年以后，恰逢他申请哥伦比亚学院的院长一职，该学院在他的助力下转型为男女同校，我有幸推荐他就任此职位。后来，我们成了哥伦比亚大学经济系的同事。

大三即将结束时，阿默斯特学院经济系宣布将举办一场由保罗·萨缪尔森主讲的讲座。萨缪尔森是我所学习的经济学教科书的作者，也是那些年经济理论界的领军人物。更激动人心的是，他还将面试我和系里其他两三个尖子生。毫无疑问，这确实令人兴奋。我曾在哥伦比亚广播公司的电视节目上看过他与阿诺德·汤因比的辩论，当时我就意识到，他的才华在那个时代一定是无与伦比的。

萨缪尔森关于奥地利学派经济学的演讲让人印象深刻。我可能对面试感到紧张，但他让我放松了下来。他说，无论我选择了哪所研究生院，只要我能在那里待尽可能长的时间，我就会有所收获，因为之后我的时间将会非常紧迫，我有很多事情需要去做。无论如何，我都觉得自己好像交到了一个新朋友，而事实证明，这是一段长久友谊的开始。我记得，2009年秋，当我与他电话交谈时，他说他已经94岁，演讲后再也没有力气向人们微笑了。

我所学到的知识并非全部来自常规的书籍、文章和讲座等。大四那年，我在阿默斯特图书馆的藏书里发现了约翰·梅纳德·凯恩斯和弗里德里希·哈耶克之间关于财政刺激和货币刺激影响的激烈争论。我很高兴看到经济类期刊对新思想持开放态度，也很高兴能够了解到这些理论背后的人。

大约在这个时候，威拉德·索普——无论从哪方面来看都极其杰出的人物——在华尔街担任经济学家和统计学家多年后重返阿默斯特学院。他曾在罗斯福政府中担任国家临时经济委员会主席，负责反垄断事务，战后在美国国务院担任"马歇尔计划的推动者"威廉·克莱顿的得力助手。[1]索普着手创建了阿默斯特学院的梅里尔经济研究中心。1954年夏，首届年会在位于长岛南安普敦的查尔斯·梅里尔庄园举行，我是应邀参加的4名学生之一，负责会议协助工作。

那两周的经历很丰富。我有机会结识了多位当时杰出的经济学家，如戈特弗里德·哈伯勒、雅各布·瓦伊纳和亚伦·戈登等。但一些特殊记忆仍然深深地留在我的脑海中。我最近才在《纽约客》上读到有关卢修斯·克莱将军的文章，文中称他为美国最重要的人物，而他当时就在庄园接待区与我面对面交谈。（他问我想从事什么职业，我回答政府工作人员，尽管事实上我只在公共部门担任过短期的职位。）还有威拉德·索普的妻子克拉丽斯·索普，她负责整个活动的运营，其敏锐的思维给我留下了深刻的印象，同时她对我寄予厚望，这给了我很大的鼓励。我也很幸运地认识了参加这次活动的埃米尔·德斯普雷斯，他是一位阅历丰富、慷慨大方的杰出人士，对我们很感兴趣，并向我们四人讲述了他的故事。他和我谈论了斯隆·威尔逊的《穿灰色法兰绒套装的男人》，书中的主人公汤姆·拉斯努力在物质文化中寻找幸福。这是我第一次谈论工作体验，也是我第一次听到关于工作满意度的讨论。10多年后，我写了一篇关于从事有趣工作对一个人的重要性的文章。近年来，我又写了一篇关于工作满意度长期下降的文章。

进入大四后，我决定去读研究生。在一次高级研讨会上，科勒里带领我们了解了1900—1950年的商业周期模型，这坚定了我攻读研究生的决心。我对研究生学习产生兴趣的根源在于，我对工资和价格设定的微观经济学与当时主流的宏观经济学模型（如就业、价格水平及其波动）之间为何存在"脱节"

感到好奇。我觉得要解决这个问题，就需要深入了解经济学理论基础；同时，我认为这是名牌大学研究生学习的核心内容。

我向麻省理工学院提出了申请，因为我想跟随萨缪尔森和索洛等杰出人物学习；我也向哈佛大学提出了申请，因为我想到了它的巨大声望；我还向耶鲁大学提出了申请，尽管我对它知之甚少。在尼尔森和科勒里推荐信的帮助下，三所大学都录取了我。我了解到耶鲁大学的经济系已经变得非常国际化，其观点也非常多样化，并且还提供了最好的奖学金，所以我选择了耶鲁大学。

耶鲁大学的研究生生涯

毫无疑问，如果没有阿默斯特学院，我就不会有这样的学习机会。那里深厚的教育理念以及詹姆斯·尼尔森和阿诺德·科勒里的个人支持帮助我为研究生阶段的学习做好了准备。当阿默斯特学院在1975年开始向女性开放招生时，我认为它已经成为一个更适合学生教育和个人发展的地方。然而，后来我得知，学院取消了在我看来对我的智力成长至关重要的两个学期的人文课程，我对此感到很失望。

耶鲁大学果然名不虚传。主校区的哥特式建筑让人印象深刻，附近的纽黑文小镇有一些便利设施：一家提供奥匈美食的不错的餐馆，还有一家剧院，那是百老汇剧目试演或预演的常用场所（尽管这里还比不上纽约）。1955—1956年是我在耶鲁大学的第一学年，我非常喜欢威廉·费尔纳讲授的两个学期的经济理论基础课程，托马斯·谢林讲授的内容广泛的国际贸易课程，罗伯特·特里芬讲授的国际货币体系的专家课程，亨利·沃利奇讲授的货币政策课程，佳林·库普曼斯讲授的一般均衡理论课程，以及罗伯特·萨默斯讲授的统计基础入门课程。尽管詹姆斯·托宾讲授的统计学高级课程非我所好，但他后来还是慷慨地为我开设了一门宏观经济模型的阅读课程，我从他那里学到了对我们构思的模型进行实证研究的重要性。我与耶鲁大学考尔斯基金会的亚瑟·奥肯有过许多交流，也与杰拉德·德布鲁和雅各布·马尔沙克有过一些接触。在我看来，自1925年到1935年以凯恩斯为中心建立剑桥学派以来，耶鲁大学的经济系就拥有最让人瞩目的经济学家阵容。尽管拥有米尔顿·弗里德曼、乔治·斯蒂格勒、加里·贝克尔、哈里·约翰逊、西奥多·舒尔茨、罗纳德·科斯和劳埃德·梅茨勒的芝加哥大学也很强大，但总的来说，耶鲁大学的经济系非常具有学术性。

一些老师的生活相当有趣，詹姆斯·托宾和其他老师一样，非常聪明。[2] 赫尔曼·沃克的小说《凯恩舰哗变》便是根据托宾生活中的真实事件改编的，这本书讲述了当时一艘船因发动机故障而搁浅（因此成了潜艇鱼雷的活靶子），海军少尉候补官托比特在对陌生的技术数据进行了数小时的研究后，终于重新启动了发动机。

最有活力的讲师当数罗伯特·萨默斯，他是拉里·萨默斯的父亲，也是肯尼斯·阿罗的姻亲。在他的初级统计学课堂上，他引用了一位可能是虚构的学生的话。这位学生打断了讲师的话，大声喊道："先生！那个模型里的人在哪里？"我意识到，这位学生期待在模型中找到他对人们形成预期或构思新方法等行为的看法。在我建模的过程中，这个故事（可能是虚构的）经常浮现在我的脑海中。

耶鲁大学所能提供的不仅仅是一流的师资。学校经常接待许多到纽约、华盛顿等地进行新书发布演讲的学者和知识分子。我没有足够的时间听这些讲座，但在听了小说家兼科学家查尔斯·珀西·斯诺关于科学与艺术之间令人遗憾的隔阂的讲座后，我非常着迷。斯诺认为这种隔阂是解决世界问题的严重障碍，我也同意他的观点。毕业后，我继续阅读了他的《权力走廊》及《陌生人和兄弟们》系列书籍。我渐渐发觉，我对科学界和艺术界富有创造力的人们的生活充满了好奇。

我还遇到了耶鲁大学的杰出校友。某天午饭后，我在研究生院大厅的阅览室阅读《纽约时报》时，一抬头就看到迪安·艾奇逊站在我面前。他是杜鲁门政府时期的国务卿，也是美国最著名、最受人敬仰的人物之一。（多年后，在我获得博士学位的毕业典礼上，他身着鲜艳的红色长袍，手持银色权杖，引领队伍前行。）他说，现在几乎没有学生读报纸了，这让他非常担心。我同意他的看法。

随后，当谈到共产主义时，他提到一些批评家以"为达目的不择手段"为由鄙视苏联共产主义的论点。他说："还有什么能证明手段是正当的呢？"我只能点头表示同意他的批判。经过多年对这一评论的思考，我得出结论：他心中的想法是，如果共产主义是实现平等的唯一途径或最佳途径，而我们只关心平等，那么共产主义就是正当的。尽管西方社会的许多人确实希望看到约翰·罗尔斯为弱势群体争取工资正义、纲纳·缪达尔的种族正义及贝蒂·弗里丹的性别正义（即使有更多的正义也可能无法减少不平等），但西方大多数人也需要一种经济，在这种经济中，工作是有吸引力的，甚至是有趣的，从而为人们提供丰富多彩的生活。

部门内意见多样化是一件好事情。我依稀记得在亨利·瓦利奇就某个存在较大分歧的问题进行的一次民意调查中，托宾和奥肯强烈支持凯恩斯主义，但并不狂热，而费尔纳不是，特里芬和瓦利奇对凯恩斯主义也没有太大的信心或兴趣。然而，费尔纳和托宾之间充满了热情和尊重。在这四年里，我的观点并没有发生很大的变化。我确信，我认为货币刺激是加快经济复苏的有效手段，也担心财政刺激可能会对投资产生压力。这是我职业生涯中不止一次遇到的问题。

第三年，由于没有课程作业和教学任务，我有了研究和提前写论文的机会。然而，我对于博士论文的选题毫无头绪。两年来，我主要研究的是方法和模型，这让我偏离了我决定成为一名经济理论家的初衷。当我向托马斯·谢林征询意见时，他建议我重新构建国民储蓄理论，思考"世代交叠"的问题。这是罗伊·哈罗德和扬·德·范·格拉夫曾提到过的话题，但是弗兰科·莫迪利安尼在1961年通过他的研究成功地揭示了这个问题。我在这个项目上彻底失败了，因此不得不放弃，白白浪费了一年时间。我尚未领悟一开始就将事情简化的必要性。这虽然令人沮丧，但并未阻止我前进。

回想过去，20世纪50年代这段在大学和研究生院的艰难岁月，我和许多人一样需要电影来消遣。这10年间，斯德哥尔摩电影（尤其是英格玛·伯格曼的《小丑之夜》和《野草莓》）、巴黎的新浪潮电影和好莱坞的彩色电影等带来了新类型电影的爆发，至今仍是我脑海里的经典之作。这种创造力的爆发令人印象深刻，拓宽了我对人类的认知。

第四年，事情开始好转。起初我还没有开始撰写论文，但我开始教授我的第一门课程——1957—1958年秋季学期为大一新生开设的"经济学导论"。这门课开展得很顺利，但当时尚未收到学生的评价，所以效果很难判断。

39年后，我收到了一份学生意见反馈。时任《华尔街日报》总编辑，后来成为ProPublica[①]创始人的保罗·斯泰格给我来电，说他想在《华尔街日报》为我举办一场午宴。在日期确定后，我问他我们以前是否相识。

他说："是的，你曾经是我在耶鲁大学上'经济学导论'课程时的老师。"我小心翼翼地问他这门课学得怎么样。

"你教得很好。"他说。我难以置信地回答："真的吗？"

"是的，你非常优秀。正是由于你的课程，我从政治学转向经济学专业。"他说。我好奇地问他最后怎么样了。

"不太好，"他说，"在托宾主持高级研讨班之前，你是我认为的经济学方面唯一一位好老师。"我不知道该说什么。

当我向詹姆斯·托宾提到我还没有论文研究主题时，他有

[①] ProPublica是2008年1月开始运行的一家新闻采编机构。——编者注

了一个主意。他建议我提出一种方法来衡量观察到的通货膨胀中有多少是成本推动的，有多少是需求拉动的。这个模型构建和数据应用的过程进行得非常顺利，我有了可以展示的成果。[3] 在一个美丽的六月天，我获得了博士学位。

第一章

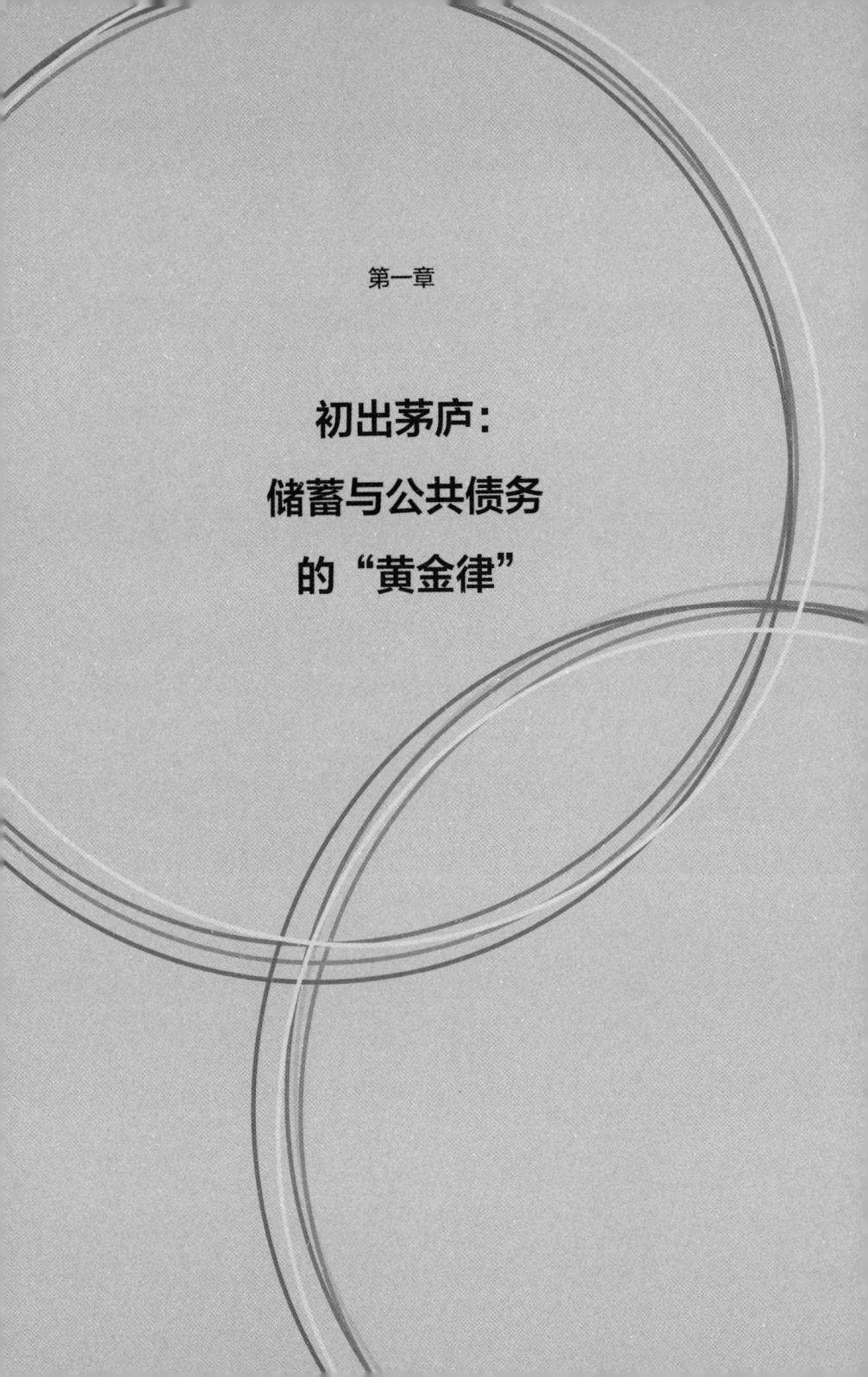

初出茅庐：
储蓄与公共债务
的"黄金律"

耶鲁大学毕业典礼几天后,我飞往洛杉矶,将在位于加利福尼亚州圣莫尼卡的兰德公司任职。该公司已成为经济学、数学、运筹学等领域优秀专家解决重要国防问题的重要场所,其资金主要来自美国空军,似乎还有美国国务院。出乎意料的是,托马斯·谢林也在这里,他正在努力寻找结束冷战的方法。我通过罗伯特·萨默斯结识到的顶级经济理论家肯尼斯·阿罗和刚刚在时间效率优化方面取得突破的数学家理查德·贝尔曼都在忙碌着。由理查德·纳尔逊领导的一个理论家团队正在做关于"技术进步"(更确切地说,是创新)的新工作。午饭后,我们经常在海边的木板路上散步,交流思想,各抒己见,这是一个多么令人兴奋的地方。

身处洛杉矶,我同样心潮澎湃。我沿着威尔希尔大道漫步,汽车展厅里的阿斯顿·马丁和宾利汽车熠熠生辉,家具展厅里汉斯·瓦格纳和巴塞罗那的椅子琳琅满目。一批新的流行歌手在北圣莫尼卡大道的游吟诗人酒吧开始了音乐生涯。（20世纪70年代是巅峰时期，涌现出埃尔顿·约翰、尼尔·扬、卡洛尔·金、卡莉·西蒙和詹姆斯·泰勒等出色的歌手。）无数电影院遍布全县，此外还有一座歌剧院、一座宏伟的艺术博物馆和一座即将落成的音乐厅。加利福尼亚的风情令人叹为观止，马里布、贝尔艾尔、比弗利山庄、海滩和泳池等，这一切都在1964年抵达此地的画家大卫·霍克尼的作品中得到了充分体现。

在加利福尼亚州四处旅行，结识洛杉矶以外的人同样乐趣无穷。一个周末，兰德公司和斯坦福大学的运筹学专家哈维·瓦格纳带我前往伯克利。在那里，我遇到了许多同龄人。特别值得一提的是戴尔·乔根森，我们两人在职业生涯中的交集颇多。还有最让我印象深刻的阿马蒂亚·森，他为我树立了严谨细致的典范，这也是我职业生涯中一直努力追求的目标。自那时起，我们一直保持着联系。

在兰德公司的工作非常具有吸引力。我最初被安排到数理逻辑部门，那里有很多经济学家和统计学家。我通常周一到周四上班，一般都在研究一个颇具挑战性的问题，即飞机零件库存和待修零件库存。在我解决了这个问题后，肯尼斯·阿罗评论说，这是动态规划中解决二维问题的罕见案例之一。（他曾想将其纳入自己正在编辑的一本书，但为时已晚，我对其失去了兴趣。）每周五，我会致力于研究自己设定的课题"一个国家风险资本的最优积累"，这是我后来完成的一个项目。几个月后，我向动态规划理论的创始人理查德·贝尔曼展示了我的方程式，我不确定他会如何评价。他轻描淡写地说："这太简单了，资本存量会趋向无穷大。"我答道："是的，但我研究的是它趋向无穷大的速度！"

虽然在兰德公司的工作非常有趣，但最终我还是觉得有必要重返学术界，从事我能够胜任的经济理论基础研究工作。耶鲁大学考尔斯基金会为我提供了一个减少教学任务的助理教授职位，我没有其他更好的选择。因此，我回到美国东部，试图重新开始我的经济理论家职业生涯。

1960年9月，我回到耶鲁大学，一开始对自己在接下来的6年里要做什么理论研究并没有头绪，当然也根本不知道会有什么成功或失败的结果——事实是，我既经历了成功，也经历了失败。在没有自己的新理论可供研究的情况下，我开始留意现有理论中任何未被注意到的发现或改进空间。

理论家的成就往往体现在他们在学术或科学期刊上发表论文。在考尔斯基金会工作期间，我发表了三篇这样的论文，其中第一篇也是阅读量最高的一篇《资本积累的黄金律》，于

1961年9月发表在《美国经济评论》的短篇论文部分。[1]这个想法是基于罗伯特·索洛和特雷弗·斯旺在20世纪50年代建立的增长模型提出的，相当简单。[2]假设世界长期以恒定的速度享受技术进步，并且这种情况将持续很长时间。同样，假设社会选择储蓄的收入比例（简称"储蓄率"）将保持不变，其水平可能过高或过低。通过一些数学运算，我发现能够无限期维持最高消费增长路径的水平，等于收入中利润（而非工资）的百分比，这将使资本回报率接近国民收入的增长率。这一结论虽然大大简化了许多复杂因素，但它表明（从逻辑上讲）储蓄可能过多了。这一发现也可能质疑了一些规划者提出的观点，即大幅提高储蓄率可以避免由于世界人口急剧上升而导致的人均消费下降。（与消费增长的下行压力相比，更令人担忧的是无休止的人口增长对环境造成的破坏。）

这篇短篇论文在我的经济理论研究中一直占据着特殊的位置。我在构建的数学模型中设置了一个场景，即城镇居民沉浸在方程展开所带来的激动之中。一些读者表示很有趣，比如罗伯特·索洛写了一则续篇寓言，虽然他没有发表。但另一些读者不以为然，有人问我为什么采取这种方式。也许是为了引起人们对问题及其解决方案的关注，也许是为了取悦读者和我自己，也许是为了讽刺经济学家模型的极端简化（我们在模型中简化或省略了太多因素）。也许这反映了我需要表达一点儿想象力——发挥我所拥有的创造力。另一个奇怪的现象是，许多经济论文的作者要等上好几年才能等到自己的作品被引用，而这篇短篇论文在几个月内就登上了教科书和期刊论文的版面。后来，诺贝尔奖委员会认为这篇"黄金律"论文足够重要，因此在长达四页的颁奖声明中引用了这篇论文。

我当年在考尔斯基金会写的第二篇论文是《风险资本的积累》，其发表在1962年10月的《计量经济学》期刊上。[3]这篇论文是我在兰德公司时开始写的，在考尔斯基金会完成。我出于好奇，想分析投资回报率的风险增加是否会导致储蓄供应减少，从而压缩投资（在均衡条件下）并减缓资本积累；或者相反，是否会导致储蓄供应增加（因为规避风险的投资者感到更加脆弱并有动力持有更大的缓冲资金），从而为更多的投资腾出空间，加快资本积累。答案是两者都有可能。（这个结果可能有助于解释为什么主要依赖风险资本收入的家庭相对节俭，如农民或富有的继承人。）虽然我并未深入探索这一领域，但我很高兴看到保罗·萨缪尔森在1969年的一篇论文中对此理论进行了扩展，哈佛商学院的其他人也在这一基础上展开了进一步的研究。

在考尔斯基金会工作期间，我构思的第三篇论文是《投资的新视角》，并于1962年11月在哈佛大学《经济学季刊》上发表。[4]继20世纪50年代首创"增长模型"之后，索洛又提出了技术进步的概念，即技术进步只有"体现"在新的资本产品中才能产生生产力。正如我所说，新的视角下"投资的作用不仅是深化资本存量，还要实现资本存量的现代化"。我发现，从长远来看，将技术进步引入增长模型并没有产生显著影响，增长率和投资回报率与技术进步必须"体现"在投资中的程度无关。我还研究了这一模型中的短期动态效应，例如在给定投资产出比的情况下，预期的劳动力增长率上升会导致资本存量更加现代化。尽管这篇论文写得很好，也有一定的趣味性，但它并不具有开创性，因此没有引起太多的关注。

正是由于在考尔斯基金会工作的这段时光，我深感自己与我和同事在工作中所探讨的世界息息相关。我在那里的第一年，约翰·肯尼迪在与理查德·尼克松的总统竞选中获胜，并于1961年1月上任。我永远也忘不了那一天，当天我接到通知要去伍尔西大厅监考期末考试，而那里离我住的地方有一英里多。当我步行前往时，天空正飘着雪，因此考试结束后，我想尽快回家观看肯尼迪和罗伯特·弗罗斯特在就职典礼上发表的演讲，也很激动曾在阿默斯特见到过他们。然而，人行道上积雪很深，寒风凛冽，当我回到家时，就职典礼已经结束，我错过了肯尼迪的演讲和弗罗斯特的致辞。[5]

肯尼迪政府接替了德怀特·艾森豪威尔政府，召集了一批新的经济学家。詹姆斯·托宾在经济顾问委员会任职一年后，亚瑟·奥肯接替了他的位置。从某种意义上来说，这标志着耶鲁大学地位的提升。然而，就在同一时间，谢林转投哈佛大学，这是耶鲁大学的一个巨大的损失。而一些从芝加哥来到考尔斯基金会的明星人物随之离开，比如：杰拉德·德布鲁去了加利福尼亚大学，雅各布·马尔沙克去了加利福尼亚大学洛杉矶分校。

不久后，在麻省理工学院工作的索洛应召到委员会帮忙，这使他所在的部门人手不足。1962—1963 年，我应邀到麻省理工学院担任客座副教授，代替罗伯特·蒙代尔讲授一两门课程，其中包括秋季学期为博士生开设的一门具有挑战性的资本理论研讨课。在那门研讨课中，我在拿到课程大纲和阅读清单后，不得不阅读并教授一些我不够熟悉且有时难以理解的材料，而蒙代尔有时会过来旁听。此外，学生们都非常聪明，比如克里斯蒂安·冯·魏茨泽克、迈克尔·因特里加托尔、戴维·勒瓦瑞和艾坦·谢辛斯基。不过，能够证明自己可以胜任这项工作，这种感觉真好。

然而，我和大多数同行一样，并不是为了教书而进入这个行业。我们投身学术界是为了获得开展研究、撰写文章所需的支持。我们中的大多数人都希望自己的工作能为社会和世界做出贡献。我们需要保持自身的教学水平，以便抓住各种机遇：与有天赋的学生互动并给予他们指导，或者分享我们的理论和研究成果。

在麻省理工学院，我目睹了经济系的明星学者在那个时代是多么才华横溢、见解独到，也意识到了自20世纪50年代初以来，经济系的发展是多么蒸蒸日上。这里不仅有萨缪尔森、索洛和弗兰科·莫迪利安尼等超级巨星，还有各自领域的领军人物，如历史学领域的查尔斯·金德尔伯格、发展学界的埃弗塞·多马和公共经济学领域的弗朗西斯·巴托。能有机会与这些大师交流切磋，我深感荣幸，这也拓宽了我对他人追求目标的理解与认知。

最重要的是，能与保罗·萨缪尔森保持密切联系，实乃幸事。在他位于贝尔蒙特的家中，他把我介绍给了哈佛大学的一些成功人士。在哈佛广场附近我的住所举办的一次愉快晚宴上，他唱了《费加罗的婚礼》中的一句歌词。萨缪尔森博览群书，有人说他每晚都在读书——也许是为了暂时摆脱白天困扰他的经济问题。他在文化和历史方面兴趣广泛，这就解释了他教科书内容的丰富性，以及我们之间的默契度。我们交流过经济学方面的问题，尽管交流的次数并不如我所愿。在教师餐厅的一张桌子旁，我们探讨过许多假设和论点。在我表达了对某些问题的看法后，萨缪尔森就会长篇大论地质疑我的观点。弗朗西斯·巴托坐在我们中间，他问萨缪尔森是否应该放我一马，但萨缪尔森认为我能够接受质疑，因此坚持对我进行追问。我至今仍怀念那些在麻省理工学院一起共进午餐的时光，我们常常低估这种交流对检验我们思想的重要性。

春天的时候，我的教学任务大大减轻，于是我着手开展了一个关于公共债务的新项目。考虑到其分析方面的挑战和争议性问题，我原本犹豫是否要开展这个项目，但当麦格劳-希尔出版公司邀请我就此主题撰写一篇专著时，我便于六月底毅然投入了这项艰巨的工作。

背景：关于公共债务的争议

公共债务历来是交锋激烈、备受争议的主题。根据有时被称为"原凯恩斯主义"的观点，当外部条件迫使政府进行大规模赤字支出时，积累起来的公债并不是问题：公众为支付债务利息而承担的额外税收成本，与公众从其持有的公共债务中获得的额外利息收入相抵销。许多凯恩斯主义者喜欢说:"我们欠我们自己的债。"托宾也曾这样对我说过。换句话说:"一个拥有自治权的族群,在某种意义上既是借款人又是贷款人。"但这只是一个不争的事实,而不是一个暗示公共债务无害的理论模型,也不是一个表明公共债务没有影响的统计模型。

许多持有这种观点的凯恩斯主义者普遍反对限制政府支出或提高税率以削减膨胀的债务水平或抑制其增长的政策。近年来,他们抨击这些政策是某些西方国家过度追求"紧缩"政策的体现。然而,这种观点实际上荒谬至极:政府如果所有的支出都可以无成本地通过债务融资而非税收融资来实现,那么根本就不需要征税,只需要借款。

然而,在现实世界中,当政府提高税率以支付债务利息(偿还债务)时,纳税人不仅要面对开具支票时的所谓负担,还要面对"超额负担"。这种给纳税人带来的经济压力导致他们减少工作和储蓄,以逃避或者减轻由此产生的税负,这反过来又迫使政府进一步提高税率,如此循环往复,直至纳税人无法承受。最终,税后工资率和利率的下降导致国民收入减少,进而影响到国家财富。[6]

不过,其他经济学家认为,过去出现的高额公共债务水平，如第二次世界大战、2008年全球金融危机，以及近期减税和新冠疫情相关支出导致的债务增加，并不会造成太大危害。他们的理由是，当前的公共债务并未构成沉重负担，因为经通胀调整后的实际债务利率（宏观经济学中著名的 r 值）几年来一直非常低。但是，公共债务的增加确实让财富和资本之间出现了差距，导致资本存量低于原本应有的水平，并使实际工资增长低于预期。此外，预计未来几十年 r 值将保持极低水平可能并不准确。

长期以来，一些经济学家一直认为公共债务并无大碍，仍在经历技术进步和一定程度人口增长的国家，可以合理预期自己能够"摆脱"债务。但如果生产率的增长率（宏观经济学中著名的 g 值）保持自20世纪70年代初以来的低迷状态，那么即使这样的国家也不会在数十年内明显"摆脱"其公共债务。

新古典经济学家长期以来一直关注一个更深层次的问题。如果在政府大规模发行债券期间，公众减少购买消费品以购买政府债券，那么他们的财富将在这个时期结束时增加，尽管国家的资本存量不会增加（至少不会显著增加）。如果公众减少购买新发行的公司股票，转而购买政府出售的债券，那么国家的资本将会减少，尽管财富不会减少。无论哪种情况，政府债务都会在财富和资本之间形成"楔子"。

这种"楔子"的影响一直是经济学的研究课题。新古典经济学预测，公共债务的增加会增加财富，从而促进消费并压缩投资。在新古典理论中，这会导致资本积累和生产率增长放缓。历史似乎证实了这一点。在1945年第二次世界大战结束后的四年里，美国积累了巨额的公共债务。随后，1946—1948年，美国消费蓬勃发展，但同期的投资产出比有所降低。虽然第一次世界大战持续时间较短，于1918年结束，但随后美国发生了流感大流行。虽然美国没有过多参与这场战争，但流感大流行后的1921—1923年，其投资产出比明显降低。[7]

1817年，古典经济学的创始人之一大卫·李嘉图认为，公共债务可能会误导我们对经济真实情况的判断，从而导致个人和社会不那么节俭。[8]在这种观念中，账面财富就像是一种毒品，在刺激消费需求的同时也压缩了投资，从而减缓了资本存量和消费品供应的增长。

20世纪60年代，李嘉图的思想得到了进一步的发展。[9]新古典经济学家莫迪利安尼建立了一个模型，其中公共债务造成的财富与资本之间的差距会阻碍资本积累，导致资本路径向下倾斜，从而进入一个新的、资本减少的稳定增长状态。[10]通过这项研究和其他研究，保持低水平公共债务以支持储蓄，进而促进资本形成的观念，成了新古典主义理论的一个最重要的思想。

但是，新古典主义理论是否意味着零水平的公共债务是最佳的呢？这样做是否比维持一定的债务水平更优？如果维持一定的债务水平，税收政策能否有效抵消债务的影响，以使债务和税收的组合保持中立及平衡，既不会对消费和工作产生额外影响，也不会对投资和增长产生负面影响？这些以及更多的问题都在我的第一本书《经济增长的财政中性》中得到了探讨，这是我对经济理论与政策领域的一次全面而深入的研究。[11]

论中和公共债务

《经济增长的财政中性》首先从经济最简单的形态开始探究，即在封闭经济下的标准宏观模型中，仅生产一种产品，这也是经济理论家们通常的理论起点。（参考丹尼尔·笛福的《鲁滨孙漂流记》、亚当·斯密的《国富论》或凯恩斯的《就业、利息和货币通论》。）

在此设定下，首先要解决的问题是，政府债务已经出现，其对劳动供给和储蓄供给的财富效应是否可以在这个经济体中被中和？答案是只能在一定程度上实现。

政府可以通过征收适量的一次性总税收，提高当前及预期未来的税收，从而中和债务的影响……这种中和之所以行得通，是因为税收只对消费需求和劳动供给产生财富（或净值）效应。同一项税收既可以中和债务对消费需求的影响，也可以中和债务对劳动供给的影响。[12]

但是，一次性税收对低收入者和高收入者一视同仁，会被视为不公平。那么，如果只剩下非一次性税收，债务是否仍能被抵销？答案是否定的。

支出税无法同时中和……对消费需求和劳动供给的影响……如果债务对消费需求的影响被中和（需要恢复财富），那么债务对劳动供给的影响（取决于工资率和财富）就不能被中和。[13]

反之，如果劳动供给被中和了，那么对消费需求的影响无法被中和。

书中一个更复杂的论证表明，所得税无法抵销政府债务。复杂之处在于，与消费需求相关的利率和与劳动供给相关的工资率都受到了所得税率的影响。"如果有一种税率既能中和债务对消费需求的影响，又能中和债务对劳动供给的影响，那将是一种偶然巧合。因此，通常不可能通过所得税来完全中和初始的政府债务。"[14]

总的来说，政府债务增加了社会财富，但在正常情况下，它会减少投资，从而缩小资本存量，降低工资率的增长速度，并提高实际利率，尽管资本存量的缩小程度远小于债务的增加速度（莫迪利安尼的不同模型也得出了相同的结果）。

人们常说，这一理论只适用于为公共部门提供融资服务（从国防到公共卫生）的公共债务。我记得这个问题是20世纪70年代末莫迪利安尼在于雅典举办的一次会议上提出的，当时我乘飞机返回东海岸。我坐在托宾和才华横溢的芬兰经济学家彭蒂·库里对面，库里专注于国际宏观经济学。我一定是说了些关于公共债务挤压投资的话，因为托宾说，用于资助政府投资项目的公共债务并不会阻碍私人部门资本的积累，这是标准宏观经济学的一个原则。因为考虑到赤字支出会取代一些储蓄或一些投资，从而让财富和资本之间产生差距，所以我对此感到困惑。托宾拿出了他的铅笔开始计算，但我们在飞机着陆时仍未解决这个问题。

在此，我坚持《经济增长的财政中性》一书中所研究的设定。当然，政府项目的公共债务融资并不会阻碍投资，其费用预计通过未来用户来承担,但是,所有其他公共支出的赤字融资确实会阻碍投资。[15]

验证凯恩斯主义观点

哪个观点看起来最接近真相?是凯恩斯主义观点,即公共债务可以拉动就业,从而降低失业率,提高劳动力参与度,还是新古典主义观点,即公共债务使资本存量走低,从而减少劳动力和就业?(还有"新古典凯恩斯主义"观点,即公共债务为政府融资可能会抑制或推动商业部门的资本存量,因此公共债务的影响可能微乎其微。)

数年后的20世纪80年代,首次出现了对公共债务影响的统计估算。随后,20世纪90年代出版的《结构性衰退》一书中出现了更广泛的研究。[16] 该书的一项针对18个国家的研究发现,"世界公共债务"的增加导致了失业率的上升。另一项发现是,世界债务通过推高世界实际利率来增加失业。该研究项目并未对世界资本存量的影响展开研究。

在看似截然不同的问题上,我于2018年开始调查后凯恩斯主义的一个核心原则:在所研究的十几个国家中,2008—2010年衰退后向经济注入更大财政刺激的国家,是不是2011—2017年复苏速度最快的国家？[17]研究结果是否定的。显然，财政刺激并没有产生可衡量的刺激效果。我们可以从这些结果中推测，特别是投资对财政刺激的反应不如一般性支出。

现在，我和吉尔维·索伊加、云天德正在对1960—2019年的七国集团国家进行一项持续研究，研究发现一个国家的就业率（即1-u，其中u为失业率）会因公共债务而下降。在基于估算方程的理论模型中，公共债务推高了实际利率，从而限制了投资活动，进而降低了工资和就业率。我们还发现，政府借贷对用于投资的贷款和用于未来消费的储蓄产生负面影响。

鉴于上述结论，我们不难理解，为什么采取赤字支出"刺激"措施的国家并没有比其他国家发展得快。诚然，减税鼓励消费支出已成为常识。然而，随着时间推移，尽管有私人力量在减少赤字，但在年度支出增加的基础上，降低税率仍造成了财政赤字的不断上升。因此，公共债务飙升，超过了其增长路径趋势，而巨额的财政赤字仍继续存在。

在目前宏观经济研究的阶段，我们似乎可以有把握地推断，当公共债务相当庞大时，它是促使资本和工资率走向较低增长路径的重要力量，而当公共债务处于显著高位时，最好不要依赖赤字支出来刺激消费或投资。

这并不意味着后凯恩斯主义经济学应被弃如敝屣。但我认为，后凯恩斯主义理论只是众多宏观经济观点中的一个，它值得与从新古典到更现代的宏观经济观点组合在一起被人们参考。

《经济增长的财政中性》并没有引起广泛的关注，却给予了我极大的信心，让我愿意投入更多的精力来构建全面系统的用于统计测试的模型。我在书中分析理论结构以及构建更多此类结构所展现的创造力，可能对我几十年后思考未来理论主题具有重要意义。

在考尔斯基金会的时光

1963年到1965年的秋天，是我在考尔斯基金会最后的时光。在这期间，肯尼迪总统遇刺。那天，詹姆斯·托宾、威廉·布雷纳德、T. N. 斯瑞尼瓦桑以及另外一两个成员等一行人来到旁边的停车场，通过汽车收音机收听这一令人心碎的消息，并在那里等待着更多关于肯尼迪伤情的信息。我们永远不会忘记哥伦比亚广播公司（CBS）新闻主播沃尔特·克朗凯特的最后一句话："总统于下午2点被宣布身亡。"我们都震惊了，几乎说不出话来，深感失去了一盏为国家指引新方向的明灯。这让我想起了弗罗斯特的诗句："同理清晨沉为昼，黄金事物难久留。"

肯尼迪的遇刺身亡对考尔斯基金会的托宾和其他在政府工作或担任顾问的人来说无疑是一次打击。他们似乎与20世纪60年代的林登·约翰逊政府及20世纪70年代的吉米·卡特政府并不紧密。奥肯后来搬到华盛顿，加入了布鲁金斯学会，布雷纳德则负责主持布鲁金斯学会每半年一次的布鲁金斯会议，并且在会上发布了《布鲁金斯经济活动论文》。托宾是这些会议的常客，但考尔斯基金会在联邦政府内部已不再有影响力。

然而，耶鲁大学经济学面临的最严重的问题并不是与政府失去联系，尽管这确实让耶鲁大学经济学失去了很多活力和激励。在我离开麻省理工学院一年后，我开始以另一种视角看待耶鲁大学的经济学。那时，数学和经济学领域的重量级人物德布鲁已经离职。虽然经济增长中心那些致力于研究欠发达国家问题的学者提出了一些重要观点，包括贝拉·巴拉萨（被迫逃离匈牙利的经济学家）撰写的一系列论文和《一体化理论》一书[18]，以及德国移民古斯塔夫·拉尼斯（我的朋友）出版了《劳动剩余经济的发展》一书。[19]但在20世纪60年代中期，考尔斯基金会的理论研究越来越少。大卫·卡斯扩展了拉姆齐模型的最优国民储蓄理论，而佳林·库普曼斯看到了拉姆齐模型中一些深层次的概念性难题。

在考尔斯基金会的最后三个学期里，我写了另一本书——《经济增长的黄金律》。[20] 书中几乎每一个模型都用一个变量取代了原模型中的某些关键参数，如将索洛-斯旺增长模型中的储蓄-收入比率替换为一个最优变量。我早期的论文《资本积累的黄金律》也做了同样的事情。在我看来，最有趣（也最超前）的例子是关于将同质劳动力分配给工业研究而非生产的最佳比例的研究。研究发现，这一比例是一个固定数字，而且很容易被记住。（有一天，我在电梯里看到保罗·萨缪尔森正要离开，我大声喊道："你读我的论文了吗？"他答道："我看到了那个 1/2。"他指的是其中一个结果。）

此时，考尔斯基金会似乎也没有大量有影响力的实证研究成果问世。托宾招募了索洛、冯·魏茨泽克、梅纳赫姆·雅里和我，成立了一个研究小组——美国经济增长的未来。但其产出甚微，很快就解散了。问题在于，我们这个小组并不清楚最发达经济体增长的动力来源。这对像我这样的年轻经济理论家来说，并不是一个能够激发灵感的环境。

真正的问题在其他地方。整个经济学系存在一种从20世纪50年代发展起来的显著异质性。但在考尔斯基金会，关于经济问题的思考已经形成了一套公认的理论基础，任何偏离这一思想体系的行为都会被认为是荒谬的或令人不悦的。我们的主要任务是巩固凯恩斯的理论或寻找更多潜在的含义，而不是创造一种或多种新理论。我写的那本关于公共债务的书，因为认为债务以及由此产生的赤字会减缓增长，与托宾的观点背道而驰，所以从未被提及。因此，考尔斯基金会的氛围并不欢迎新思维，更不用说鼓励新思维了。

我并不是唯一一个认为托宾因循守旧的年轻人。多年后，考尔斯基金会的另一位年轻理论家彭蒂·库里有过更糟糕的经历。1978—1979年，库里在考尔斯基金会工作了几年后成为纽约的新居民，并成为乔治·索罗斯在金融事务方面的得力干将。一天，库里来看望我和罗曼·弗里德曼。当谈到考尔斯基金会时，库里变得非常愤怒，他告诉我们，在考尔斯基金会的经历正在摧毁他的"创造力"。我从未见过他如此心烦意乱。托宾的这种狭隘也延伸到了课堂上。我以前的一个学生曾告诉我，耶鲁大学的一些经济学研究生对失业和通货膨胀理论中的突破性发展被排除在外感到愤慨，他们甚至考虑对耶鲁大学提起集体诉讼。

显然，当身边的人持不同意见时，托宾会感到痛苦，而且他很难应对这种情况。因此，后来我们之间产生了某种疏远感,我当然也对此感到非常难过。在我们疏远之前,托宾曾对我非常慷慨——在我选择自己的道路之前。在我研究生二年级时,他挑选我参加宏观经济学的私人辅导课。即便在疏远之后,托宾也对我很友善。他告诉我,1982年49岁的我当选美国国家科学院院士"与他有关"。令我惊讶的是,1986年左右,据说他在美国经济学会年会的一次经济学教科书研讨会上说,我的《政治经济学》是自伟大的欧文·费雪的教科书问世以来最好的入门教材。[21] 2000年,在耶鲁大学举行的一次活动上,我们最后一次相聚,他对我的妻子说:"我错怪了奈德(我的小名)。"

1965年初,当我与耶鲁大学的合同临近最后一个学年时,另一个问题出现了。在过去的几年里,有几位助理教授被晋升为终身教授。令人惊讶的是,他们几乎没有在主流期刊上发表过论文,即使有也寥寥无几。因此,我相信自己也会获得终身教职,因为我写了很多文章和一本书。然而,在我就职的第五年,经济系通知我将不会被授予终身教职。我的同事贝拉·巴拉萨出于某些原因也离开了耶鲁大学。

令人气愤的是,巴拉萨和我一直在以较快的速度发表论文,并赢得了国际声誉,这与那些被授予终身教职的人形成了鲜明对比。这不是悲剧,因为我们一定会在其他地方找到好职位，但最好的职位并不多。从1966年秋季起，我很幸运地获得了宾夕法尼亚大学的全职教授职位。巴拉萨去了约翰斯·霍普金斯大学，但在几年后不幸死于癌症。

事实是，校长格里斯沃尔德曾通知系主任，他不想增设更多的终身职位。但同时，系里的资深教员出于自己的原因，急于为他们心仪的人争取终身教职。我对这些自私自利、对优秀青年学者的前途漠不关心的教职员工感到厌恶。我从古斯塔夫·拉尼斯那里得知，当我的终身教职和格里斯沃尔德的告诫被提及时，威廉·费尔纳提出"我们得反抗"，但无人响应。我了解到，经济系以及考尔斯基金会在关键决策上很大程度都是托宾在掌控。我甚至听说，托宾身边有一个小铃铛，必要时他会摇响铃铛来终结讨论。

但最重要的是，在1965年这一年里，我逐渐意识到，在考尔斯基金会工作期间，我原本并未打算去做进入经济学领域的事情。我去了研究生院，然后进入了研究中心，试图将教科书中的宏观经济学，即凯恩斯创立的理论，与教科书中的微观经济学，即从新古典主义理论中衍生出来的卡尔·门格尔、里昂·瓦尔拉斯和阿尔弗雷德·马歇尔到弗兰克·拉姆齐、阿瑟·庇古和德布鲁的理论联系起来。

结束了在耶鲁大学的工作后，我于1966年1月离开纽黑文，前往伦敦和剑桥度过半年，然后于夏末回到美国，前往宾夕法尼亚大学就任新职位。我不再继续从事常规建模和应用研究的工作，感受到了前所未有的解放，准备开启新的理论创新之旅。

第二章

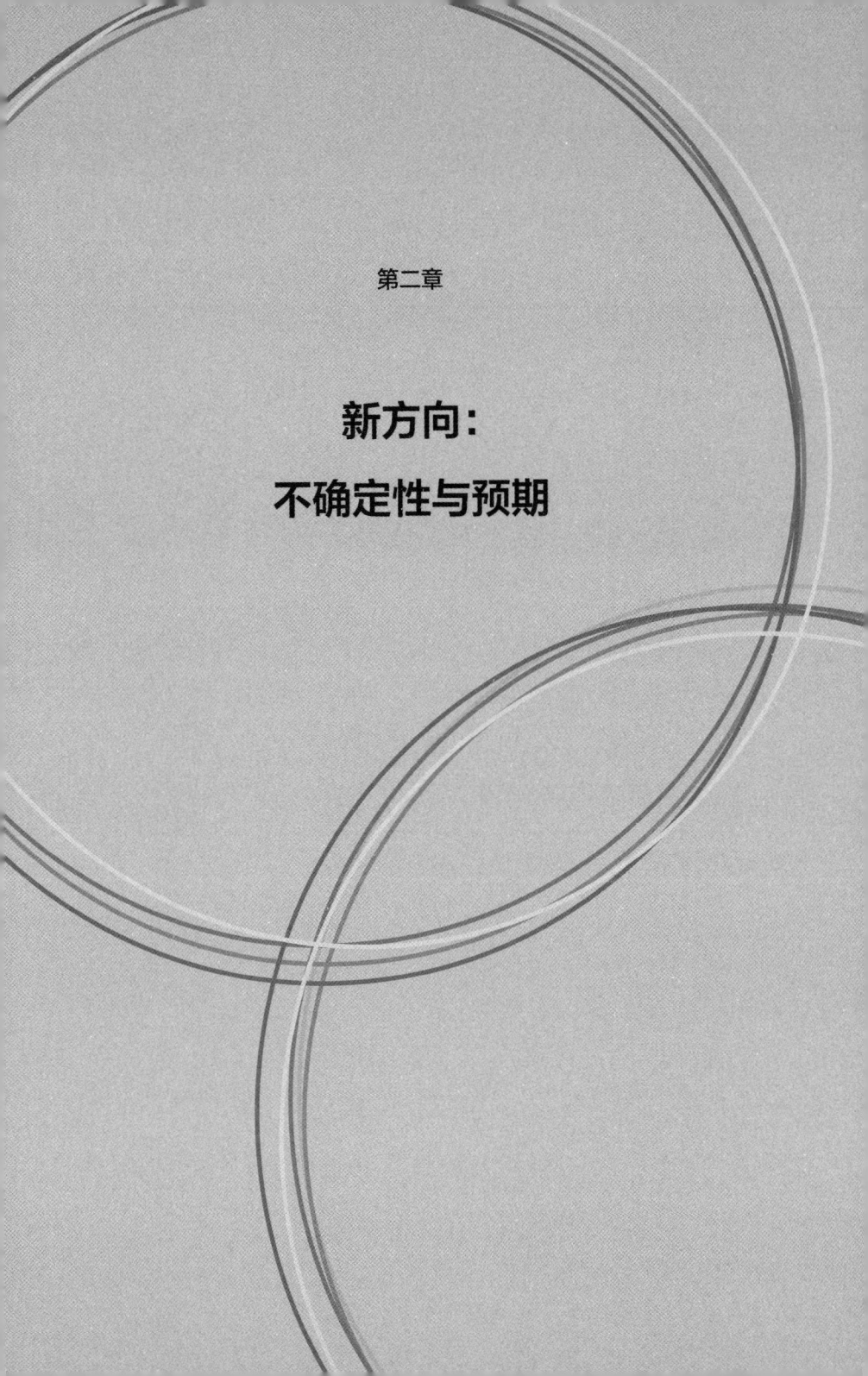

新方向：
不确定性与预期

1966年1月初,我到达伦敦。我在伦敦政治经济学院和剑桥大学学习了7个月后,有望前往宾夕法尼亚大学沃顿商学院就职。我觉得是时候尝试解决当时标准宏观经济理论中的问题了,当然,我并不是要抛弃这些理论。最让我挂怀的遗漏之处在标准微观经济学和宏观经济学中都有所体现。

我在伦敦政治经济学院的图书馆Q室努力工作(通常第一个到图书馆,最后一个离开)但很难将这座城市所提供的各种机遇拒之门外。20世纪60年代,在英国戏剧界,哈罗德·品特的戏剧让我激动不已。我曾在纽约看过他的早期作品《微痛》,剧中爱德华对所读内容的理解并不能反映现代世界。我有幸在伦敦观看了《归乡》的首演,这部作品也展现了人们对自己所知甚少感到困惑。当剧中的兰尼向在美国的英国哲学教授泰迪寻求如何生活的答案时,这位哲学教授回答:"这不是我的专业领域。"任何学者都会为之震惊(1969年,披头士乐队以一首《太阳出来了》预示了情况的好转）。

人们不禁感受到了对旧事物的排斥，也看到了对新方向的探索正在酝酿之中。一些经济学家认为，经济理论的部分内容与现代国家经济生活的实际情况并不完全吻合。几年前，新学院[①]和圣塔菲研究所德高望重的经济学家邓肯·K.弗利在午餐时回忆了我们早期的一些工作。他感叹道，20世纪60年代是自20世纪30年代以来经济理论最具创造性的10年。正是在1966年，宏观经济理论开始迈出新的步伐。我很高兴能够"亲历创造"，站在这项工作的最前沿。

弗兰克·奈特在其《风险、不确定性与利润》一书中提出了"不确定性"[1]（也称"奈特氏不确定性"）的存在，特别是在市场经济中的投资者（也可以说是储蓄者）中，这本书为根本性的变革奠定了基础。[2]因此，投资量和当前资本存量的市场价值也并非完全由储蓄、实际利率、工资率、财富和资本存量这些新古典理论的要素决定，甚至在前瞻性经济中也并非主要由这些要素决定。高度的不确定性（或模糊性）以及由此产生的猜测和臆断，对经济中的所有价格和数量产生了强大而多变的影响。

---

① 新学院是美国纽约的一所私立研究型大学。——译者注

这与克努特·维克塞尔、欧文·费雪、约瑟夫·熊彼特、阿瑟·庇古和弗兰克·拉姆齐在20世纪初建立的新古典主义模型大相径庭，也与哈里·马科维茨在1952年提出的及我在1962年发表的论文《风险资本的积聚》中提到的投资组合选择随机模型大相径庭。[3] 显然，高水平的奈特氏不确定性（并非风险，它有已知概率的结果，但确实不确定）为错误的投资打开了大门，导致许多企业的投资和银行的贷款需求过少或过多。然而，仅凭奈特的预言并不能说明或暗示这种不确定性有时可能会成为过去两个世纪现代经济中就业大幅波动的驱动力：美国1873—1879年的长期萧条，1882—1893年的大萧条，20世纪20年代的繁荣，1929—1941年的大萧条以及2008年的全球金融危机。这里缺失了一个关键环节。

约翰·梅纳德·凯恩斯和弗里德里希·哈耶克率先将这一见解应用于20世纪30年代美国、英国和欧洲大陆陷入困境的经济。他们之间的尖锐对立在学术期刊上引发了前所未有的激烈争论。哈耶克在《价格与生产》一书中指出，经济大萧条实际上是过度投资的结果。[4] 当许多投资被证明是无利可图的，以至于资本存量"超越了自身"时，投资就会被削减到正常、均衡的水平以下，直到过剩的资本因老化或使用而枯竭。虽然投资的涨跌明显会在总投资活动和就业中产生一些波动（短期波动），从而影响就业，但这能解释20世纪20年代、30年代和21世纪前10年经济活动的大幅波动吗？

凯恩斯在其《就业、利息和货币通论》中对经济大萧条做出了货币解释。[5]他认为，在一个经济体中，人们动用货币存量来购买受雇生产的产品：如果人们决定在一段时间内减少购买，那么由此导致的货币需求上升和相应的产品需求下降（"总需求"下降）的初步影响就是生产和就业广泛削减。[6]然而，如果货币工资适当下降，推动价格下跌，从而提高货币供应量的实际价值，恢复总需求，从而恢复产出和就业的均衡水平，复苏就会开始。

然而，正如凯恩斯所观察到的，投资需求的下降，如凯恩斯所想象的"动物精神"的丧失，实际上并不会引发货币工资率的下降，从而足以将就业拉回到某种正常水平，更不用说防止产出和就业率的下降了。正如劳动经济学家所言，工资率存在相当大的"黏性"，这就是凯恩斯的萧条理论（如果没有这种黏性，货币工资就会立即下降，那就会引起其他问题。因此，凯恩斯对他的理论很满意）。然而，直到约翰·希克斯在其1937年发表的论文《凯恩斯先生和古典主义者》中，用类似于供求关系图的IS-LM模型来表示这一理论，凯恩斯的理论才被广泛理解。[7]

奇怪的是,这一理论被奉为圣典。凯恩斯试图让事情尽可能简化,他说工资率是"黏性"的,意思是平均工资只能缓慢变动,然后就不了了之了。他提出了就业的一般理论,却没有提出企业工资设定的理论。我决定思考经济中工资率的决定因素,这将是我为建立在微观经济学基础上的宏观经济学所做的第一次尝试。

将预期引入失业理论

当我在伦敦进入工作状态时,所有这一切都浮现在我的脑海中。我每天都在伦敦政治经济学院工作,那时的经济系还处于莱昂内尔·罗宾斯领导下的辉煌中。1931年,罗宾斯聘请了经济学界的新锐人物哈耶克,以抗衡凯恩斯在剑桥大学日益增长的影响力。(我见过罗宾斯,他是一位令人印象深刻的人物,我曾看到他与弗里茨·马赫卢普进行了一场从英国政治到瓦格纳的《尼伯龙根的指环》的精彩对话,就在阿默斯特梅里尔经济研究中心关闭后,我把他们送到普林斯顿时。)

20世纪60年代,伦敦政治经济学院经济系的领军人物包括理查德·莱亚德、哈里·约翰逊、理查德·利普西,最重要的是威廉·菲利普斯,这位经济统计学家不久前刚刚以其"菲利普斯曲线"引起轰动。[8]我在图书馆外的Q室工作时很少见到人,但我和哈里·约翰逊、马克斯·斯图尔等教员喝过咖啡,他们都成了我的密友,我可以和他们聊一聊我的工作。我与迪克·卡夫斯和罗恩·琼斯等其他来访的美国人就约翰·休斯顿的《马耳他之鹰》和劳伦斯·奥利维尔在伦敦上演的《哈姆雷特》等非经济方面的问题进行交谈也非常有趣。

在Q室,我有一个开创性的想法。如果企业一般是按年而不是按季或按月来确定工资的,那么,受到投资需求下降打击的典型企业(预期与它竞争的其他企业,以及它所在城市或城镇的其他企业,不会削减它们支付的工资)就不会想大幅度削减给员工的正常加薪,更不用说降低工资了。因此,对整个经济中工资变化率的预期对于工资率的实际变化率至关重要。如果这些预期调整缓慢,工资率的调整也会趋于缓慢。因此,货币工资对总需求下滑的调整一般会很缓慢;如果萧条是温和的,可能根本不会有调整。在我看来,这一洞察力为凯恩斯的萧条理论("工资黏性"的论断)提供了缺失的一环,但是对菲利普斯曲线的统计估计没有提供这一环。就业的一般理论需要工资行为理论,因为工资会对就业产生影响。(相反,凯恩斯认为他需要一个消费理论,因此他提出了"消费函数"的假设。)

我对工资行为的表述与菲利普斯的表述截然不同。我的表述是微观经济的，因为它源于对单个企业决策的构想，而菲利普斯曲线不是基于微观的，它本质上是对一个机械假设的统计估计，因此，我的表述被称为"微观-宏观"。此外，我的表述源于这样一种认识，即在任何现代经济中，每个工资制定者在做出决定时，必须对其他工资制定者的决定知之甚少或一无所知：他们的决定都是在一种独特的（奈特氏的）不确定性下运作的。

为了进一步探讨这种预期的影响，我在伦敦政治经济学院设法探索并建立了一个以价格预期和这种性质的行为为基础的理论经济模型，以分析财政刺激政策。该模型假设通货膨胀率取决于失业率和预期通货膨胀率。（我觉得这种预期比货币工资的预期变化更容易操作。）该模型的其他三个要素：（1）"预期通货膨胀率根据实际通货膨胀率进行调整的机制"；（2）从消费的时间路径中得出的"效用"；（3）当前"效用率"与生产能力"利用率"之间的关系。

该模型的预测包括以下内容：紧缩的财政政策会导致劳动力未充分使用，从而使通胀率低于预期的通胀率；而宽松的财政政策会导致劳动力过度使用，从而使通胀率高于预期的通胀率。这一模型的特点是我所称的"合理"或"均衡"失业率,后来被称为"自然"失业率。

不过,我的主要目标是规范性。在理想情况下,宏观政策不仅要管理产出和就业的波动,还要管理通货膨胀。因此,我的任务是确定经济在就业或产能利用率方面的最优路径特性,以及在最初预期通胀率的情况下,通胀率的相应路径是什么。简而言之,我需要确定"效用"最大化的规则是什么。从这个角度来看,主张过度利用劳动力的高压政策的,即将失业率拉低到其合理水平以下,是短期主义者:他们为了眼前的高利用率,不惜以未来可能的高通胀为代价,这充分暴露了他们的"时间偏好"倾向十分严重。[9](这可能会让读者想起前10年被指责采取紧缩政策的政府。当然,新冠疫情暴发后的计划外赤字是不可避免的,而计划内赤字是合理的。)

有了这个粗糙的模型和对它的分析,我就摆脱了基于完全信息和完全知识假设的新古典主义的完美决策理论,而另一个以工资行为为重点的模型也即将问世。这类动态模型在方法论上比统计方法向前迈进了一步,即依赖于一个相关变量与另一个变量之间的关系,只要它是合理的,并满足统计显著性的条件。当然,将任何经济决策建立在对这种高度抽象的模型进行理论探索的基础上都是幼稚的。

1966年5月1日我离开伦敦后,前往欧洲大陆度假,主要在萨尔茨堡音乐节以及布达佩斯、维也纳周边游玩，随后我开始了剑桥之行。

在剑桥和牛津，一些在20世纪30年代革命时期发挥过重要作用的人物依然健在：在剑桥，我遇到了詹姆斯·米德和琼·罗宾逊（一位富有传奇色彩的新剑桥学派的代表人物）；在牛津，我遇到了约翰·希克斯和罗伊·哈罗德。

罗宾逊教授是一位令人敬畏的人物。一天下午，我战战兢兢地去找她喝茶。她没有浪费时间寒暄，就开始阐述她最近的想法。我听得一头雾水，于是问了一个问题，但也没听懂她的回答。我又试了一次，但她放弃了。她说："如果你愿意去理解，你就能懂。"

春末，我在剑桥大学做了一次演讲，介绍我的预期理论研究。大多数重要人物都到场了，如弗兰克·哈恩、詹姆斯·莫里斯、帕萨·达斯古普塔和詹姆斯·米德。我觉得演讲结束后的讨论进行得很顺利，尤其是考虑到他们中没有一个人是研究宏观经济学的。但米德抱怨我让他头疼！我安慰自己说，新理论不是很快就能掌握的，我必须在阐述中做得更好。

在剑桥大学的三个月里，我研究了围绕预期建立的第二个模型。这是一个使用货币的经济模型，因此有货币价格和货币工资，以及对名义工资（凯恩斯称之为"货币工资"）预期变化率的预期。这个模型在秋季进行了一些完善后，在一篇工作论文中呈现，随后又在一篇会议论文中讨论。

这次访问不仅在我发展的关键期为我提供了研究场所，也让我与帕萨·达斯古普塔和詹姆斯·莫里斯建立了长久的友谊。就连一向严厉的弗兰克·哈恩在我们最后一次见面时也称赞我会"蒸蒸日上"。我很欣赏剑桥大学经济学家的才华以及他们对他人观点的开放态度。

加入经济学家小组

1967年8月，我来到宾夕法尼亚大学，内心充满解脱感，这种感觉贯穿了我在那里的岁月。几十年来，我的理论工作和在那里举行的历史性会议是我职业生涯中最激动人心的部分。

我在纽黑文待了这么多年之后，来到费城也是一件令人高兴的事。我的家在里滕豪斯广场的顶楼公寓，离音乐学院不远，那里整天都有阳光。从那里经过费城艺术博物馆到宾夕法尼亚大学和沃顿商学院要走很长一段路，从物质上和行政上来说，经济系都在沃顿商学院，我经常在忙碌一天后走这条路。从这条路去艺术画廊很方便，它离古老的音乐殿堂也不远。在那里，我聆听了琼·维克斯和比尔吉特·尼尔森演奏的无与伦比的《特里斯坦与伊索尔德》。在这个一英里外的宏伟大厅里，我听到了出色的弗兰科·科莱里和尼尔森在《图兰朵》中令人难以忘怀的演奏。一连几天，科莱里的声音在我脑海中挥之不去。（鲁契亚诺·帕瓦罗蒂在他最后一次接受电视媒体采访时宣称，科莱里是"有史以来最伟大的戏剧男高音"。）

然而，我并不局限于费城。尽管人们只是慢慢注意到我对标准宏观经济学的突破，但我显然已成为宏观经济学专家。1967年11月，我接到我在麻省理工学院结识的埃德温·库赫的电话，他邀请我加入一个经济学家小组，他也是这个小组的成员。这个小组将不定期地在波士顿召开会议，为罗伯特·肯尼迪做各种主题报告，当时肯尼迪正准备争取民主党的总统候选人提名。这个小组的成员还有耶鲁大学的詹姆斯·托宾、哈佛大学的马丁·费尔德斯坦、布鲁金斯学会的亚瑟·奥肯以及其他一两个人。托宾谈到了财政和货币政策，而我记得我做了一个关于工资和失业问题的演讲，这是我第一次直接接触有影响力的政府人物。

我对肯尼迪略有了解。那些年我抽雪茄，他偶尔会向我要一根。他在1968年6月遇害时，整个美国都陷入了震惊。我感到了一种个人的失落，不禁想象可能会发生的事情。我走到铁轨旁，看着载着他灵柩的火车从华盛顿特区驶往纽约。当在电视上看到在圣帕特里克大教堂举行的葬礼时，安迪·威廉姆斯从座位上站起来，用他那优美的嗓音无伴奏演唱《共和国战歌》，令我感动不已。

大约一年后，我接到了阿诺德·哈伯格的电话，他邀请我加入一个特别工作组，就如何最好地应对日益严重的通货膨胀问题向当选总统的理查德·尼克松提供建议，当时这个问题引起了广泛的讨论。哈伯格在我关于公共债务的书中帮了大忙，所以我不想轻易地拒绝邀请。我告诉哈伯格，我是民主党人，而不是像尼克松那样的共和党人，但哈伯格说这并不重要。于是，我加入了特别工作组，并参加了周末在纽约举行的一个漫长的会议。然而，令我感到不满的是，哈伯格撰写的报告并没有反映我在会议上表达的观点。

几周后，尼克松在皮埃尔泰姬陵酒店为20个特别工作组举行了一次宴会，以表达对他们工作的赞赏。在接见队伍时，尼克松伸出手，问我属于哪个特别工作组。当我说我是通货膨胀问题特别小组的成员时，尼克松惊呼："我想降低通货膨胀，但又不想造成更多的失业，但阿瑟·伯恩斯说这是不可能的。"我觉得这个挤满了人、身后还排着长队的房间并不是一个适合我表达对这个问题的看法的地方。

事实证明，无论是尼克松还是我，都不知道保罗·沃尔克在 20 世纪 70 年代末成为美联储主席后会征服"通胀之龙",而其附加损害存在的时间比人们担心的更为短暂。然而,数月来,人们一直担心当通货膨胀率得到抑制时(甚至在此之前),沃尔克的货币紧缩政策可能会带来令人震惊的失业率增长。在人们对沃尔克政策最为焦虑的时候,布鲁金斯学会经济机会小组举办了一次晚宴,沃尔克主席也出席了。在晚宴上,我起身发言,说我们需要做的是平息对高通货膨胀的预期。沃尔克似乎有点儿被逗乐了(在他生命的最后 20 年里,我们成了好朋友)。

建立一个新理论模型

尽管与政府官员的这种交流可能很重要,但我已决定在大学里从事研究工作,而不是在公共部门。因此,在宾夕法尼亚大学,我毫不犹豫地投入新的宏观经济理论研究。在这种理论中,参与决策的人既不完全了解其他地方发生的事情,也没有关于经济如何运作的全部知识。我重新投入暑期在剑桥大学开始的工作,并专注于一个理论模型。在这个模型中,典型的企业会基于自己对其他地方名义工资的了解以及对其他企业名义工资变化率的预期来设定自己的货币工资水平。因此,这种经济模型一般来说并不是处于均衡路径上，即结果与预期相符的路径上，而是在预期没有得到证实的条件（即不均衡的条件）下运行。

根据这项工作，我建立了一个货币经济的理论模型，它既不同于凯恩斯（在他的《就业、利息和货币通论》中）关于货币工资水平在所有实际目的中都是恒定的这一假设，也不同于菲利普斯关于货币工资将根据失业量（即根据经济在菲利普斯曲线上的位置）机械地上升或下降的假设。当然，该模型可以用方程组来描述，其中一个方程组描述了工资变化率的决定因素。它也可以通过图来描述，就像希克斯用图来描述凯恩斯的理论，菲利普斯用图来说明他的曲线一样。但是，描述我的关于货币工资、就业和通货膨胀理论在均衡和不均衡状态下的方程组是从理论中推导出来的，而不是简单地从微观经济学基础上推导出来的。不幸的是，尽管菲利普斯关系并不比其他关系更重要，而且菲利普斯曲线也没有任何理论基础，但包含菲利普斯曲线关系的工资变化率方程后来被称为"增强菲利普斯曲线"。他的假设可能得到了一些统计支持，但我建立的模型有明确的理论基础。

我想就这一模型谈三点看法。第一，在劳动力市场决策的环境中，劳动者和企业无法持续地了解彼此的行为。其随机相遇的频率取决于失业工人的数量、寻找工作的人数以及职位空缺的数量。经济中的离职率和招聘率也取决于当前的失业率和职位空缺率。

第二，就单个企业而言，其离职率将会与它相对于其他公司平均工资的工资水平呈负相关，而其招聘率与同一相对工资呈正相关。因此，一个企业的招聘将与其离职率、工资水平以及失业率呈正相关，而与总空缺率呈负相关。一个企业在有空缺职位的情况下，会尝试设定一个相对于其他地方工资预期的工资水平。该工资与企业自身的空缺职位和总空缺率呈正相关，与失业率呈负相关。在这种经济中，无论是工资（作为价格）还是招聘和离职（作为数量），都不是由"供求关系"决定的。市场的特点是存在失业工人和职位空缺，这是由信息不足或"不完美"造成的。

第三，构成模型的方程组可以简化为两个方程：一个表示平均货币工资的变化率，另一个表示就业率的变化率。然后，我们就可以用标准方法来分析这两个变量的运动了。

在我看来，这种模型的建立和分析引出了两个主要命题，其中一个与理解失业有关，另一个与通货膨胀有关。

首先，如果一个失业率最初处于正常水平且通货膨胀率达到预期水平的经济体遭遇需求下降，其就会出现就业率逐渐下滑的情况。因为市场具有工资刚性与价格刚性，所以失业率不能与产出的快速下降同步，同理，失业率也不会出现快速上升。（再次强调，凯恩斯只是假设"货币工资"具有"黏性"，并没有提供思考方法，更不用说提出以任何定量方式预测工资放缓幅度的方法。）如果将这种理论构建作为计量经济学估算的基础，那么跟菲利普斯曲线的计量经济学估算相比，它往往能提供更好的预测和解释基础。至少，这种计量经济学估算可以更好地纳入对价格和工资通胀率的预期。

其次，该模型假设失业率（或其变化率）与扣除预期工资通胀率后的工资通胀率相关（原则上，价格通胀率也可能与扣除预期价格通胀率后的价格通胀率相关），这意味着预期和实际通胀率的同等上升（或下降）将对失业具有"中性"影响，从而产生了"通货膨胀校正菲利普斯曲线"的概念。这种中性可追溯到阿巴·勒纳和威廉·费尔纳的理论，并由米尔顿·弗里德曼发扬光大，成为多年来人们广泛讨论的话题。

我有一种预感：这种经济理论的发展将对经济学家思考工资通胀的方式产生持久的影响，从而影响价格通胀和就业波动。无论我的论文如何阐述不完美信息的重要性，宏观经济学的主体都将不同。几十年后，这一贡献已显得经久不衰。约40年后，彼得·豪伊特在2007年《斯堪的纳维亚经济学杂志》

上的一篇文章中写道:

> 埃德蒙·费尔普斯将不完美信息和高成本沟通引入宏观经济学理论，并推导出它们对通货膨胀和失业动态的影响，从而帮助我们改变了思考宏观经济理论和政策的方式。费尔普斯将宏观经济学视为一门社会科学，其主题不仅是人们做出的选择，也是人们如何在群体中互动。他在发展协调个体互动机制的正式理论方面的开创性努力，为一种新的宏观经济学铺平了道路。这种经济学以个体行为者的行为和预期之间的相互作用为基础，而不是以宏观总量之间的假定关系为基础。[10]

他的观察给我留下了深刻印象，他认为我的这项新工作是围绕个人展开的——人们有自己的预期和信念。

1968年2月，我的论文初稿《货币工资动态理论及其对菲利普斯曲线的影响》发表在《宾夕法尼亚讨论论文集》上，其中包括历史简介和理论阐述。大概就是在那个时候，芝加哥大学和伦敦政治经济学院教授、《政治经济学杂志》和《经济学刊》的编辑哈里·约翰逊邀请我在于长岛蒙托克举行的第五届大学教授宏观经济理论和贸易理论会议上就我的工资和失业动态的主题发表演讲。当时有许多名人出席，如米尔顿·弗里德曼、罗宾斯勋爵、詹姆斯·托宾、亨利·瓦利奇和马丁·贝利。我的讨论者是阿克塞尔·莱荣霍夫德，他刚刚写完《论凯恩斯学派经济学和凯恩斯经济学》，这是当时关于凯恩斯理论的最佳著作。[11] 不能说与会者急于接受我提出的新理论，但他们对此并没有敌意，他们需要一些时间来消化它。这些论文很快被收集起来，包括我的《货币工资动态和劳动力市场均衡》在内，并由《政治经济学杂志》于1968年8月出版。[12]

我当时的想法具有里程碑式的意义，我很高兴不仅在凯恩斯主义理论的关键时刻为其基础引入了更好的结构，而且还与其他人一起参与了可能是当时讨论最热烈的经济理论领域的持续发展。我觉得自己站在了经济理论的前沿。这些观点很新颖且具有深远的影响，让我受益匪浅，但我很快意识到，我还有很长的路要走。

在1967年和1968年初，一些经济学家可能已经察觉甚至认识到，劳动力市场乃至产品市场的思维方式正在发生重大变化。在我看来，这还需要更多的讨论和说服。我还兴奋地看到，常春藤联盟和芝加哥以外的地方——从罗切斯特到西北大学再到洛杉矶——也开始出现类似的思考。看到这些新的研究，我开始围绕"在不完全信息和知识泛滥的经济中，预期和信念的重要性"这一新发现探索召开了一场特别的会议。在美国国家科学基金会的资助下，我花了几个月的时间召集了一大批年轻的经济学家参会，他们摆脱了老一辈的教条。

这一大型会议于1969年1月下旬在宾夕法尼亚大学举行。第一天的会议主题是工资动态与就业，以阿门·阿尔奇安的关于为做出更好决策而获取更多信息的成本的论文开始。查尔斯·霍尔特的论文指出了导致工资率黏性的社会逻辑和制度因素。由于我的资历更老，加上第一版论文刚刚发表仅5个月，我将我的有关货币工资动态的论文排在了他们论文的后面。在接下来的论文中，戴尔·莫滕森提出深入研究工资动态，比我的论文有更深入的见解，我很高兴看到比我设定的模型更详细的模型被开发出来。最后，罗伯特·卢卡斯和伦纳德·拉平从另一个角度提出了一个基本的新古典主义模型，即在不断变化的劳动力市场中，尽管有些人正在等待更好的工作机会，但价格和工资率会调整以实现市场出清。这个模型排除了因不完美信息导致的工资率无法实现市场出清的情况。

会议的第二天以西德尼·温特和我撰写的论文《原子式竞争下的最优价格政策》开始。在我的关于货币工资动态的论文中，公司的员工存量是公司资本的一部分。在我和温特的论文中，公司的客户存量也是一种资本——简单地说，公司的客户是公司唯一想要或需要的资本。因此，资本市场对一家公司的估值将反映该公司客户存量的"影子价格"。其结果是，费尔普斯-温特模型与我的工资和就业模型之间存在一些显著的相似之处。在这个经济中，没有一个"瓦尔拉斯式拍卖人"①能够把企业的价格定在市场所能承受的水平上。一家企业必须确定自己的价格（就像它在货币工资动态中确定自己的工资一样），同时只能利用其他企业所定价格的高度不完美信息。因此，如果它发现对其产出的需求下降（我总是想到餐馆），它就不知道其他企业是否也平均地出现了类似的需求下降。因此，价格水平的变动是缓慢的（具有黏性），需求的减少会继续抑制产出，也可能抑制就业。在一个通过数据开发和测试的开放经济体中，一国货币贬值在保护企业免受国外竞争者影响的同时，也会诱使企业提高标价，从而降低该国的产出和就业。最后，唐纳德·戈登和艾伦·海因斯的论文提出了一个理论来解释非均衡动态，该现象已被萨缪尔森等理论家描述过，但其起源尚未被揭示。[13]

这次会议在宏观经济理论方面取得的成果随着1970年会议论文集《就业与通货膨胀理论的微观经济基础》的出版而迅

---

① "瓦尔拉斯式拍卖人"是指经济理论中虚构的拍卖人。——译者注

速传播开来，该书由 W. W. 诺顿公司出版——这家出版社和我合作了 20 年。[14] 2006 年，杰弗里·萨克斯在哥伦比亚大学的一次活动中回忆了他和其他经济学学生在哈佛广场书店看到这本书时的激动心情。我很少再有这样的满足感了。我绝不否认工作经验在整体上的重要性，当然，有价值回报的工作经验也是无价的。在我的整个工作生涯中，我都有过这样的经历。但是，还有一种兴奋来自其所产生的影响，特别是从某个方面改变大量同行或专业人士的想法。

一场新运动的兴起

在我看来，我所做的是引领了一场运动——摒弃新古典主义的观点，即企业既是工资接受者又是价格接受者，因此只需根据工资和价格决定其生产和就业水平。这场运动还打算放弃凯恩斯的折中观点，即企业在不景气时很可能不会大幅度降低工资水平，或者根本不会降低工资水平。取代新古典主义模型和凯恩斯模型的理论中，有一个微观-宏观理论（一个极其非正式的理论）的雏形，即金融投机、技术发展和结构性力量如何推动经济上升或下降（无论是否向前）。其他人开始做我所做的工作，而且毫无疑问，他们有时做得更好。（应该指出的是，凯恩斯在1937年的《就业、利息和货币通论》中讨论股票市场的"平均意见"时，以及哈耶克在1948年的《个人主义与经济秩序》中讨论"知识利用的整体性并没有完全赋予任何个体"时，都提到了预期的存在及其可能的重要性。因此，"一个人的计划将建立在对其他人将以特定方式行事的预期之上"[15]。菲利普·卡根在1956年通过统计数据对通货膨胀预期所起的作用进行了研究。[16] 我显然是第一个将预期作为凯恩斯关于工资一般表现出"黏性"的假设或信条的理论基础的人。）

此外，在我看来，这些论文处于前沿领域——它们向经济学家传达了经济生活中的一个维度，这个维度在新古典主义经济学和凯恩斯主义经济学中都没有出现。对于许多必须做出决策的人——当然包括专业的决策者，也包括小企业主和工薪家庭成员，会议论文集中大部分论文描述的经济状况可能是非常可怕的。当然，这样的经济状况也可能是令人兴奋和有益的。

我在《微观经济学基础》引言的最后一节中指出："所有这些（非经典）模型都贯穿着一条共同的主线。每种模式中的行动者都必须应对未来甚至对现在的大部分一无所知的局面。这些品特式[①]的人物既孤立又忧虑，他们在空间和时间上构建了对经济的预期，并试图在这个想象的世界中实现最大化。"[17]因此，这部作品标志着通往更广义的商业生活和人类经验的桥梁的出现。在我看来，从某种程度上说，我们1969年的会议是对经济中的人们试图理解该做什么的早期研究，标志着20世纪60年代品特时代的完美结束。

在宾夕法尼亚大学的最初几年，我并没有完全忙于研究新宏观经济学的微观基础，而是与身边的许多同事一起撰写并发表了多篇论文。我与卡尔·谢尔合作撰写了《公债、税收和资本密集度》，和埃德温·伯迈斯特一起撰写了《货币、公共债务、通货膨胀和实际利率》，和罗伯特·波拉克一起发表了《次优国民储蓄和博弈均衡增长》[18]，我自己也发表了《人口增长》。[19]一天傍晚，我从沃顿商学院的办公室步行回家时，想到自己在一年多的时间里写了5篇论文，不禁怀疑自己能否还以这样的速度产生新的想法。（事实证明，我一直在撰写论文，直到20世纪80年代初，我才转向写书。）

1969年春，我收到了阿马蒂亚·森的一条神秘信息。他虽然还在牛津，但已经在纽约的联合国工作了几个月，他邀

[①] 品特式，源自英国剧作家哈罗德·品特的戏剧风格，用来形容一种特定的戏剧和文学风格。——译者注

请我和他在纽约共进午餐。我们聊了很多，包括他关于福利经济学的新书《集体选择与社会福利》的一些草稿。我不确定他是否知道，但我告诉他，我获得了布鲁金斯学会的资助，下一学年将在斯坦福大学 CASBS 工作。他告诉我，哈佛大学哲学家约翰·罗尔斯也将在那里工作。大学毕业后，我虽然在研究生院读过杰里米·边沁的一些著作和约翰内斯·德·维利尔斯·赫拉夫的标准教科书《理论福利经济学》，但并没有读过多少关于经济福利的书。尽管如此，我还是很兴奋。

8 月中旬，我乘坐联合航空 5 号航班从费城飞往旧金山，前往 CASBS。在飞行途中，我致力于完成我的《微观经济学基础》引言部分的工作——对其中理论的进步我感到非常高兴。（正是在那次飞行中，我的脑海中浮现出了"品特式的人物"在经济领域中的形象。）我因自己又一次能在西部长住而激动不已，但这一次，随着在宏观经济学领域近 10 年的工作积累，我感觉自己即将开始一个新的征程。

第三章

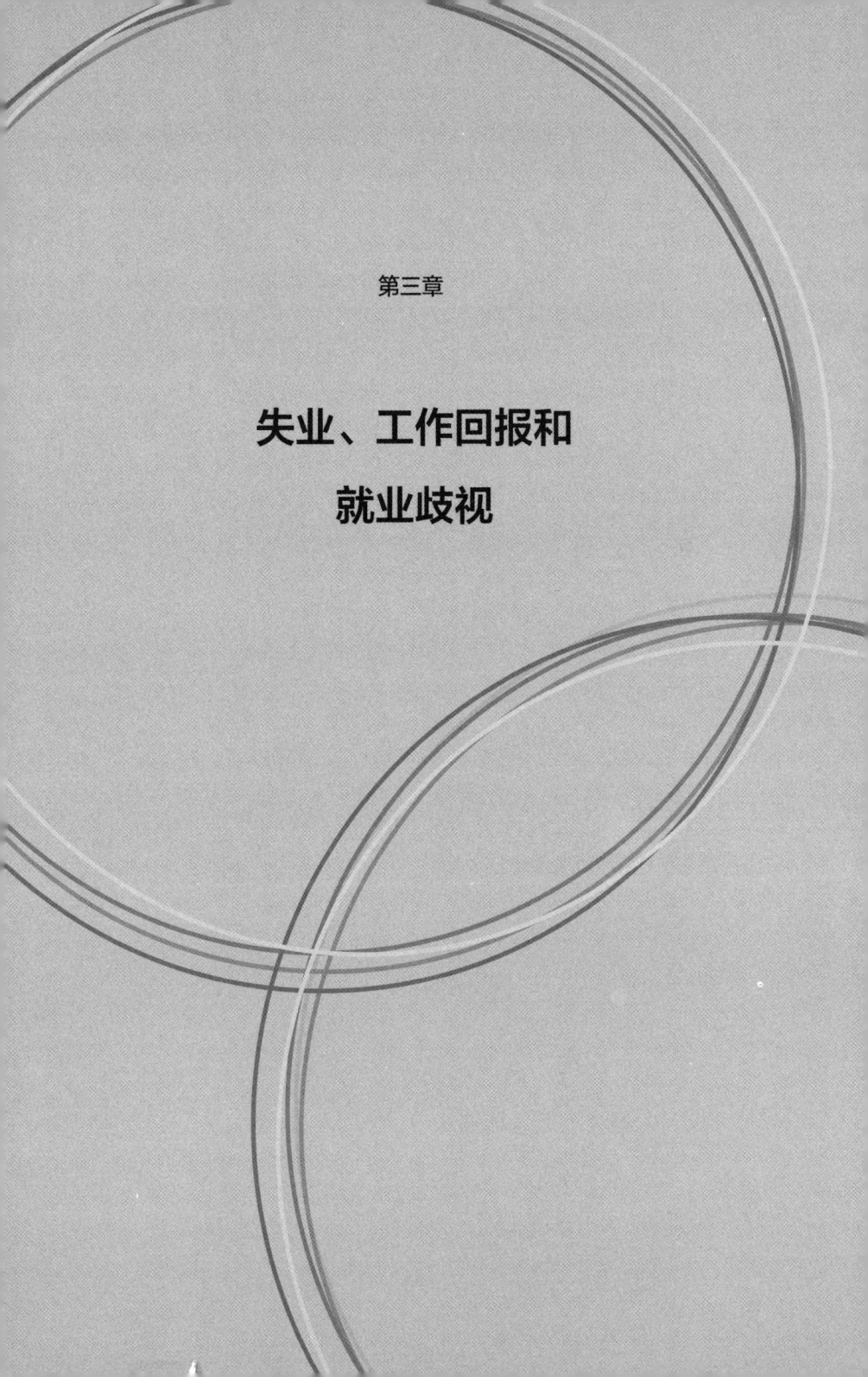

失业、工作回报和就业歧视

《通货膨胀政策与失业理论》

在入住山景房并购入一辆捷豹汽车后，我很快就在可以俯瞰斯坦福大学的CASBS安顿下来。当年，该研究中心的研究员中不乏显赫的人物。约翰·罗尔斯正在撰写《正义论》，理查德·派普斯和塞缪尔·亨廷顿也在这里从事研究工作，我和他们以及其他许多人都成了朋友，尤其是和罗尔斯成为一生挚友。我与哲学家阿梅莉·罗蒂和她的丈夫理查德·罗蒂（当时他正在研究哲学新思想，并著有《筑就我们的国家》一书）、唐纳德·戴维森、理查德·布兰特以及心理学家特雷西和霍华德·肯德勒也建立了深厚的友谊。

当然，每个人来这里都是为了推进自己的项目，但我们在旧金山半岛斯坦福山庄共同度过的那一年，是一段让人难以忘怀的田园生活时光。我们中有些人几乎每天都在烈日下打排球。

（一位医生对我们其中一人说："你们一定是疯了。"不过我从未有过那么好的身体。办公室里的一位年轻女士在我打球失误后对罗尔斯说："奈德长得很帅，但他不会打排球。"）我们还共同应对了旧金山、斯坦福大学校园以及研究中心内部的种种困扰。

很难夸大20世纪60年代末和70年代美国爆发的抗议活动，尤其是1965年洛杉矶的瓦茨骚乱，1967年纽约爆发的一系列社会骚乱，1968年哥伦比亚大学的学生抗议运动，以及1968年加利福尼亚大学伯克利分校和旧金山州立大学的第三世界解放阵线。记得早春的某天下午，我在研究中心周围散步，俯瞰斯坦福大学的校园，只见烟雾从校园中央总部的恩西纳大厅升腾而起，一群疑似来自旧金山的抗议者放火烧了这座建筑。

后来发生的一次袭击离我更近了。当时大约凌晨4点，副主任普雷斯顿·卡特勒打来电话，说纵火者袭击了两间研究中心的办公室，我的办公室就是其中之一。"你最好赶紧过来。"他说。我永远也忘不了我焦急地开车前往研究中心的情景。我脑海中想象着最糟糕的场景——也许那些我没有备份的手稿已经化为灰烬，也许罗尔斯的手稿也被毁了，也许研究中心将关闭数月。幸运的是，研究中心仍然可以运作，我们的手稿也得以保存。（在我的印象中，即使是受损最严重的那些手稿也还有利用价值。）

毫无疑问，这次社会动荡引起了我们研究中心和其他公益组织对那些遭受歧视的贫苦劳动者和劳动力市场受害者的关注。布鲁金斯学会已经对此产生了兴趣。1968年初，我在那里会见了约瑟夫·A.佩奇曼，他向我展示了他搜集的关于最底层1/5低收入人群的数据。不久之后，我获得了布鲁金斯学会为期一年的资助，并将其用于我在1968—1969年撰写的一本关于失业和低工资的书上。

正是在这样的背景下，我开始研究失业问题，尤其是低收入者的失业问题以及在考虑对失业的影响的情况下最适宜的通货膨胀政策，因为人们过去对最低工资水平和工资对于工作的作用缺乏关注。我的主要成果是一本比较厚的书《通货膨胀政策与失业理论》，副书名是"货币计划的成本-收益方法"。（我对书名尤其是副书名不太确定，于是我询问了罗尔斯的意见。他说："这会激怒你想激怒的人。"我很困惑，因为我不是要得罪人，我的兴趣纯粹是学术上的。）

这本书主要是从货币和非货币等多个角度研究失业问题。全书贯穿了对以私营企业为主的市场经济的探讨，比如当时的美国经济。书中最引人入胜的部分是非货币因素的分析，但或许我们先从货币视角开始讨论更为合适。

这本书开篇概述了经济学家对失业存在的原因以及个人失

业和总失业波动性的理解。(本章提出了我称之为"统计歧视"的概念,稍后会详细介绍。)在波动方面,书中提到了从丹尼斯·罗伯逊和路德维希·冯·米塞斯,到罗伯特·卢卡斯、伦纳德·拉平、唐纳德·戈登和艾伦·海因斯的新古典主义理论,以及由我自己和戴尔·莫滕森开创的"现代"劳动力市场理论。

不过,这本书的重要贡献还在于其他方面。《通货膨胀政策与失业理论》标志着我开始了一系列关于工作多层面或多维度重要性著作的撰写。在讨论就业问题的初期,该书强调"就业带来个人自尊感、社会尊重感、经济独立感……以及工作满意度"[1]。之后,书中指出,"工作的社会背景,即人们会将自己与他人进行比较",并评论道,"创造更好的就业机会很可能会让那些抓住这些机会的工人获得尊严和提升自尊"[2]。(在随后的几年中,"归属感"一词被广泛使用,尽管它并没有出现在《通货膨胀政策与失业理论》中。[3])在研究中心,我隔壁的同事罗尔斯在他的《正义论》末尾的注释中写道,"也许最重要的'首要善'是'自尊'……一个人对自己价值的认知",因此,正如我们所说,一个人觉得自己一生的工作是有价值的。[4]

《通货膨胀政策与失业理论》中对"工作满意度"只是稍做提及,并没有深入讨论。但在20世纪90年代的《有益的工作》一书中,我对此给予了更多的关注,并在随后出版的

《大繁荣》(2013年)和《活力》(2020年)中将其作为我思考的核心。我认为，一个运作良好的经济社会中可能会有很多"好工作"，这些工作能够让人们有机会去发现、探索、尝试甚至创造。然而，在这个阶段，我尚未形成创造力这一概念。

我们从这些观察结果和主题中可以得出一些有关宏观经济政策的推论。其中之一是，任何要研究的关于最优宏观经济政策的跨时期模型，都不应仅包括新古典主义经济学中的标准变量劳动力、资本和土地，仿佛不存在失业一样。此外，模型中的失业不能是工作人员为追求最佳生产结果而不断重新分配自身工作时所产生的失业。在模型中，失业完全是负面的。正如我所说，它"完全忽略了失业提供工资和职位空缺信息的功能"[5]。

财政政策与货币政策

虽然其他针对通货膨胀和失业的最优宏观政策模型是可取的，但我尚不清楚应该如何着手研究。焦点是放在财政政策上，还是货币政策上？我在1967年发表的论文《菲利普斯曲线——对通货膨胀水平和最优就业率的预测》中，提出了一个不需要货币和货币政策的经济模型，以研究最优财政政策。我认为，如果对通货膨胀的预期很高，那么出于对长期经济福利的考虑，就需要财政紧缩来抑制这种预期，尽管这会导致失业率超过"自然失业率"[6]。奇怪的是，《通货膨胀政策与失业理论》一书中没有这篇论文的痕迹。

在该书的后面部分，我假设财政政策与涉及公共债务和国民储蓄的其他目标相关，因此管理失业的工具是货币政策。货币政策的最佳基础不是简单地将通胀率稳定在最优通胀率目标的周围。这样的政策会让失业率出现大幅波动，而得不到任何稳定通胀率的益处。然而，如果货币政策只是试图将失业率稳定在人们认为可维持的最佳水平，比如与"自然失业率"估计值相对应的水平，那么经济就很容易受到通货膨胀率大幅波动的影响。

该书对货币政策的讨论始于一个"说明性模型"，该模型描述了在特殊条件下的"最优通胀路径"[7]。该模型假设存在"自然失业率"，当失业率异常高时，货币政策会支持经济复苏。然后，该书在一个简化的总需求、通胀和失业模型中确定了最优货币政策。

在最简单的情况下，最优政策是将预期通胀率推向能够带来最大可持续收益的水平。[8] 当然，在接近这一水平时，失业率也会接近自然失业率。（在更一般的情况下，当前预期下的最优失业率是使预期通胀率以适当的速度下降或上升时的失业率。[9]）换句话说，"最优政策可以被视为提高当前统计学意义上的通胀率，直到该通胀率的'边际效用'等于最大可持续效用率超过当前效用率的部分"。这个公式与弗兰克·拉姆齐的最优国民储蓄理论中的公式十分相像。[10]

然而，我在书中认识到，在现代世界中，任何关于最优货币政策的确定性模型都忽略了关于未来的巨大不确定性，在某些方面也忽略了现在的不确定性。因此，政策制定者可能倾向于抛弃规则手册，跟随他们的直觉行事，而市场也同样如此。

在我看来，虽然该书不是一本可行的货币政策操作手册，也不是一本更广泛的货币政策和财政政策操作手册，但我确实比米尔顿·弗里德曼更接近最优货币政策的本质，因为弗里德曼主张采取被动的货币政策，依靠市场来做好货币政策。我也比罗伯特·卢卡斯更接近最佳政策，因为他设想让失业率由市场的所谓理性预期来决定。此外，对我来说更重要的是，书中整理了当时关于工作重要性的最全面的论述，因此也深刻揭示了长期失业导致的非货币损失——无论货币损失是大还是小。

统计歧视

1970年8月，我结束了在斯坦福大学CASBS一年的工作，回到东部继续在宾夕法尼亚大学任教，同时决定在纽约安家。我做出了一个艰难的决定，拒绝了斯坦福大学的一个非常珍贵的邀请。当然，我也觉得有必要住在纽约——去欣赏纽约爱乐乐团的伦纳德·伯恩斯坦、城市芭蕾舞团的乔治·巴兰钦和大都会歌剧院的詹姆斯·莱文的演出。表演艺术领域的现代主义代表人物越来越少。

在纽约，我的精神生活开始变得丰富多彩。一天早上，当我离开公寓去搭电梯时，我遇到了住在同一层楼的哲学家托马斯·内格尔。他知道我认识罗尔斯，并引用罗尔斯的话说我"与其他经济学家不同"。在火车上，我说我不太喜欢乘坐拥挤的地铁赶去宾夕法尼亚车站坐火车。内格尔告诉我，他喜欢地铁车厢里人群的拥挤和汗水（我怀疑他是在开玩笑）。在接下来的30多年里，我们一直保持着联系。[11]

我很高兴看到许多哲学家和经济学家熟悉彼此的工作，且彼此之间没有任何隔阂。在两次世界大战期间，剑桥大学、牛津大学、巴黎政治学院和其他大学的经济学家与哲学家之间也没有隔阂。毕竟，道德哲学提出的问题与规范福利经济学之间确实存在某些相似之处。

那一年，虽然我最想探讨的是罗尔斯正义的含义，但我首先想进一步探讨在《通货膨胀政策与失业理论》中用了几页篇幅介绍的"统计歧视"这一概念。[12]正如我在该书中提到的，由于关于工人和工作的存在和特征的信息稀缺，劳动力市场的运作并不完善，因此这一理论自然而然地脱离了非瓦尔拉斯式的观点。[13]（顺便说一句，我总认为"不完美"是恰当的词，"不对称"则不是。如果我不知道我面临的需求，你也不知道我面临的需求，那么为什么这被称为"不对称"？）

书中以下段落表达了"统计歧视"的基本概念。

某公司在两位求职者之间做出选择时，可能会表现出招聘歧视。公司可能会抓住年龄、性别、身高、体重、受教育年限、以往的工作经历等数据，并在此基础上做出判断。决策者可能认为在工作中的绩效表现往往与这些变量的观察结果相关，并且会按照一份清单进行逐项检查。公司在进行统计估算……

……就像旅行者可能会在不了解当地信息的情况下，习惯性地选择在旅馆外就餐而不是在旅馆内就餐，即使所选的餐厅有时可能不如旅馆内的餐厅，他也可能会被认为是"歧视性对待"。同样，一个追求成本最小化的企业可能会基于一小部分数据做出"歧视性"决策，而这些数据用于代替对个体的详细描述，因为企业认为获取详细数据既不经济也不可行……换句话说,肤色和性别可被当作未抽样的相关数据的替代品。[14]

正如我接下来所说的,社会评论家正在质疑我们在劳动力市场以及社会的其他领域,是否还需要除了盲目正义和统计公平性之外的东西。

后来,爱德华·普雷斯科特和卡尔·谢尔建议我写一篇文章对这个案例进行延伸,最终的期刊文章是《种族主义和性别主义的统计理论》。我在文章中写道:"相比之下,加里·贝克尔提出的歧视理论是基于种族偏好因素的。纲纳·缪达尔的开创性工作似乎也是以种族对立为中心的。"[15]我的论文除了对上述讨论进行总结外,还为这种在招聘中普遍存在的歧视现象建立了一个数学模型。

到1971年,我关于货币政策的著作已经出版,其衍生作品《统计歧视》也已完成,我再次获得了开展一个或多个新项目的自由。然而,我离设定的新研究方向还有很长的路要走。当然,我想构思一些深刻且富有创造性的东西,但具体是什么还无法预见。与此同时,我可以探索罗尔斯式的正义,并随时准备探讨其他越来越受关注的话题。

第四章

利他主义和
罗尔斯正义

1971年，我职业生涯和工作方向的新机遇悄然而至。一天，我坐在从费城开往曼哈顿的火车上，发现对面坐着凯尔文·兰卡斯特，他当时是哥伦比亚大学经济系教授、系主任。在经历了岁月的沉淀和1968年哥伦比亚大学学生抗议运动之后，哥伦比亚大学经济系需要新的资深成员，而我也深感自己需要全身心投入纽约的学术工作。于是，我于1971年秋天加入了哥伦比亚大学。

20世纪70年代是继20世纪60年代的抗议和暴力活动后进行大量反思和灵魂探索的时期，许多思想开始萌芽。我记得，1971年夏，受宾夕法尼亚大学的同事亚瑟·布鲁姆菲尔德之邀，我在长岛的萨格港与《女性的奥秘》作者贝蒂·弗里丹共度周末。其间，一位投缘的国会议员提出了国家收入分配不平衡的问题，并开始讨论一项旨在重新分配收入的宏大计划。那天晚些时候，我在停车场与贝蒂闲聊，我说她应该知道这种方案将需要大量的税收收入，因此，如果采用这种方案，国家的其他重要计划可能就无法获取资金了。

伴随着这些变化，9月即将到来，我期待着在哥伦比亚大学开始第一学年，投入新的工作。我的思想从增长理论（首先是风险资本积累，然后是"黄金律"等）和宏观经济理论（公共债务和财政政策、通货膨胀和货币政策、非均衡失业以及不完美信息在预期形成中的作用）中抽离出来，并转向经济理论的其他基础思想。

其中一个基本问题是经验的多寡能够说明经济（至少是发达经济）的参与程度。在通常的市场经济观念中，人们工作是为了赚钱，以满足对营养、衣物、住房、交通、娱乐、度假等的需求。为了捕捉人们在市场经济中的活动本质，标准的教科书和模型描绘的参与者只是在权衡赚钱、消费、储蓄和投资的机会（至今仍如此），并根据价格做出决策——新古典理论中的最佳可能决策，或者"行为经济学"中偏离"理性选择"的次优决策。

然而，这些标准的经济学理论并没有充分解释许多人在满足了消费和储蓄的需求后，利用其收入和资本收益中的资金，以及在满足工作需求后剩下的时间，偶尔进行的馈赠、捐赠和慈善投资等行为。随着越来越多的人有钱和时间，这种现象也越来越普遍。事实上，从19世纪中叶到20世纪中叶，人们越来越有能力践行利他主义并展示道德标准，只要他们具备这些品质——他们选择在这些行为上花费的时间和金钱越多，就越有能力这样做。人们向个人赠送礼物，向慈善项目捐款。人们在驾驶汽车和准备出售食品时也很谨慎。这在现在看来是显而易见的，但在当时并非如此，甚至还存在争议。另一个基本问题是社会的再分配，这是一直萦绕在我脑海中的一个重要课题，一年后我终于有了答案。

利他主义对经济的影响

20世纪70年代初，对利他主义和道德标准现象的忽视得以遏制，当时一大批经济学家、社会学家和哲学家开始热议利他主义和道德对经济的影响。这一转变显然是由普林斯顿大学哲学家托马斯·内格尔于1970年出版的《利他主义的可能性》和伦敦政治经济学院社会学家理查德·蒂特马斯于1971年出版的《礼物关系》这两本书所引发的。在与内格尔的一两次交谈中，我产生了就此主题组织一次会议的想法，这也促使我请肯尼斯·阿罗在会议上做主题演讲，因为我知道他对蒂特马斯的书很感兴趣。很快，我们就有了一个由理论家和哲学家组成的杰出团队。拉塞尔·塞奇基金会的埃莉诺·谢尔登也同意为1972年3月举行的会议提供后勤和资金支持。除了肯尼斯·阿罗，发言者还包括保罗·萨缪尔森、詹姆斯·布坎南、威廉·维克里、罗兰·麦基恩、威廉·鲍莫尔、伯顿·韦斯布罗德和布鲁斯·博尼克。除了汤姆，参与讨论的还包括阿马蒂亚·森、圭多·卡拉布雷西、西德尼·莫根贝塞尔、爱德华·麦克莱宁和卡尔·谢尔。这是一个星光熠熠的团队。

会议进一步强调了利他主义的重要性。有观点认为，据估计，美国有一半以上的人口不是依靠出售自己的服务，而是依靠与他人的关系来获得安全感和物质满足。大家对于经济学如何增进对利他行为的理解非常感兴趣。"如果经济学家的任务是解释和评估资源的分配，"我评论道，"那么对利他资源使用的分析就是一座需要跨越的桥梁。"[1]

会议论文集引言中对利他主义的一种主张是，"商业市场参与者遵循某些利他主义的原则和传统，对国民收入做出了重要贡献，因此很可能也促进了边沁-柏格森的经济福利"[2]。其中一个原则就是真实性。阿罗的论文认为，"卖家的真实性在很大程度上提高了经济体系的效率。提供真实信息是外部性的一个例子……这里的两种关键特征是服务质量的不确定性以及买家和卖家之间知识程度的差异"[3]。我想补充的一点是，这并不属于引言或我的论文范畴,即在市场中要求卖家表现出利他主义,或者用阿罗的话来说就是"真实性",这与要求拥有新想法的初创企业立即与行业内的成熟企业分享其想法并不相同,有助于消除或减少不信任,这种不信任会阻碍开展新业务所需的合作和协议,而这些合作和协议通常是进行对持续经济增长至关重要的未知探索所必需的。

在这次精彩的会议上,我们分享了大量的论文和评论,这里无法一一讨论。我想补充的是,彼得·哈蒙德的一篇见解深刻的论文提出了一个模型,在这个模型中,"即使在完全利己主义者的世界里,只要这些利己主义者有适当的预期,他们也可能有一些慈善行为"[4]。而我的论文基于 1968 年的费尔普斯-波拉克博弈均衡增长模型,展示了一个博弈均衡路径不能完全确定的模型,但"可能会发展出一种'伦理',来规定每一代人预期要履行的一些义务……因此道德可能会决定每一代人的利他行为"[5]。

因此,利他主义,包括对他人的诚实,可以减少资源分配中的低效率,并可能带来巨大的好处。从埃克森美孚到普渡制药,近年来美国经济中这些价值观的明显衰落令人深感担忧。回顾这次会议,我对会上所描述或建模的经济体的刻板性特征感到震惊。我不得不说,其忽略了工作和生活的一个重要维度。

这些描述和模型并没有表达出许多参与者（如果不是大多数）在经济中广泛参与探索和创造（而不仅仅是赚钱）的经历，最明显的是在1820—1940年的英国和1850年的美国，以及某些时期的德国和法国。许多人不仅仅是捐钱，而且奉献了自己。对他们来说，经济是表达自我的舞台。他们可以有所作为，无论多么微小，或许还能为社会做出贡献，这可能比捐钱重要得多。通过这种方式，人们还可以实现个人发展。

据我所知，在那次精彩的会议之后，经济学家对此主题的兴趣并不大。随后的会议论文集《利他主义、伦理道德和经济学理论》于1975年出版，其中收录了除保罗·萨缪尔森的一篇论文之外的所有论文，但该论文集只收到了一篇评论，即彼得·豪伊特于1976年在《加拿大经济学杂志》上发表的评论。然而，该书的主题"利他主义价值观可能是有益的"，意外地引起了芝加哥大学经济和法律学者的关注。

乔治·斯蒂格勒当时是芝加哥微观经济学的领军人物，与米尔顿·弗里德曼在宏观经济学领域的地位一样。他两次盛情邀请我在法学院关于法律和经济问题的著名研讨会上发言，但都被我婉言谢绝。然而，当他在1972年初秋再次邀请我时，我觉得我必须接受，尤其是因为我刚刚完成了《利他主义》的引言部分，与会者不会觉得这些材料已经过时。当然，我猜测那些信奉自由放任的与会者不会很快同意我提出的论点。

探讨罗尔斯的《正义论》

当我即将顶着狂风前往法学院时，斯蒂格勒在公寓里表示他持有不同的意见。然而，我并没有预料到在每个问题点上都会受到如此强烈的反对。在我最初的陈述中，我举了其他例子，如果所有人都能在街角遇到红灯时停下来，那么都会因此受益，这是一种集体主义。斯蒂格勒在讨论时表示，他个人可能更喜欢没有红灯。这是在说，在某些情况下，利他主义行为的代价太大——至少对某些人来说是这样的。不过在我看来，尽管这个观点在原则上适用于某一类情况，但并不意味着利他主义在一般情况下或大多数情况下变得不可取。在随后的讨论中，对利他主义的批评愈演愈烈，尽管我认为自己在加里·贝克尔、理查德·波斯纳和其他一些名人所持的极端立场面前还能坚持己见。研讨会终于结束了，法学院的一位老教授走过来，用他那浓重的德国口音对我说："你既然做得这么好，为什么最后却同意了呢？"我想他指的是我争论到筋疲力尽但不得不让步的一个观点。我感到很难过，因为我让他失望了。后来，我通过调查得知他就是法学界的杰出人物马克斯·莱因斯坦。

虽然我在20世纪70年代提出了一些想法，如货币政策和失业、工作价值、就业歧视和利他主义，并能够将它们写成文章（是一件令人愉快的事情），但我与约翰·罗尔斯的交流以及阅读他的名著《正义论》在我心里占据了越来越重要的地位。

在罗尔斯对我的影响逐渐增强的那些年，他对美国的影响也与日俱增。根据最近的一项研究，"约翰·罗尔斯对美国人的思想产生了深远的影响，改变了我们对正义、公平、自由和宪政的理解"[6]。20世纪70年代，我撰写了几篇关于罗尔斯主义的论文。他的著作促使我在教科书《政治经济学》中用了整整一章——《公平的理念》来阐述关于收入分配的观点（以他的理论为核心）。

罗尔斯的这部巨著一开始就假设了一个抽象的环境，在这个环境中，劳动人民聚集在一起，为实现他们的目标而形成一个经济体。不过，他们希望在开始工作之前就管理其努力成果分配的原则达成一致。罗尔斯的一个关键观点是，他们不会同意平等分配。他明白，同工同酬会给每个人造成损失，包括那些最没有赚钱能力并急需每一分钱的人。（罗尔斯也明白，如果最低工资足够高，足以让那些有幸保住工作的人过上体面的生活，不那么幸运的人就会失去工作，从而失去微薄的收入。）

罗尔斯在其所设定的情境中提出，正义要求允许处于有利地位的人和处于不利地位的人的报酬之间存在差异，直至任何更大的差异或差距都会减少报酬最少的人（收入最低的人）的报酬。这种分配政策后来被称为"最大-最小"原则，因为在这种情况下，最低报酬要被提高到尽可能高的水平。他得出这一结论的理由是，大家如果不知道自己在工资分配中的位置，就会同意这一原则。

如果我们只关注弱势群体，那么有人可能会抱怨，因为假如我们对上游的超常能力群体稍微慷慨一些，次弱势群体可能就会受益。但是，我们这些支持罗尔斯"差异原则"的人往往认为这种抱怨是吹毛求疵，并未因此放弃将其视为我们所拥有的分配正义的最佳原则。正义理论不一定要完美无缺才值得付诸行动，它是目前我们所拥有的最好的理论就已足够。

罗尔斯的理论是对杰里米·边沁的功利主义的反驳。功利主义是一种通过再分配最大化"效用总和"的政策。在功利主义学说中，不仅效用最低的人的效用不是要最大化的目标，而且不清楚要加总的效用是经济中的工作者的效用还是生活在国内的所有人的效用，甚至不清楚这些效用是国内的还是全世界的。

我越来越好奇，如果罗尔斯的政策得以实施会是什么样子。超高工资收入阶层的边际税率会不会高得离谱？很显然，无论这项政策会带来什么，它都意味着要从中高收入阶层那里征收尽可能多的税收，以便最大限度地为低收入阶层提供补贴——所谓的负所得税。按照罗尔斯的精神，政府对于这些收入没有更大的用途。不用说，处境最不利的就业者的生产率应该大于零且小于生产率最高者的生产率。

在我构建并研究了该解决方案的一些特点后，我在1972年斯坦福大学的夏季经济学研讨会上发表了一篇论文。当我发言时，站在我面前的是才华横溢的阿巴·勒纳和经济学大师肯尼斯·阿罗，多年前我曾在兰德公司与他们共事。我指出了该模型的一个引人深思的含义：最高收入者工资收入的边际税率（在最高收入水平的应税收入小幅增加的情况下，税收收入增加的税率）必须为零。因为如果不是这样，对边际税率进行足够小的削减将使政府的税收收入和最高收入者的税后收入都略有增加。在我讲完后，阿罗说他不相信这个命题是正确的。然后勒纳说："但是，阿罗，这就像一家公司通过将边际收入降至边际成本来实现利润最大化，而此时边际利润为零！"因此，无论如何定义，罗尔斯的正义都不会消除不平等；它可能会减少不平等，也可能会增加不平等，这取决于条件。至关重要的是，它最大限度地提高了最弱势群体的劳动报酬。

边际税率的最终下降是该模型的一个发现。另一个显而易见的发现是，模型中的最优税收政策旨在征收最多的税收，即实现所谓的应税能力。我们还研究了初始模型的各种变量。当然，保守派和老式自由派从一开始就反对罗尔斯的目标，因为他们担心这意味着税收最大化。1973年8月，这个简单的模型由我提出（在《经济学季刊》[7]上发表了论文《经济正义下的工资收入征税》）。（分析中采用的一些方法在詹姆斯·莫里斯1971年的论文《最优所得税理论探究》[8]中出现过，他为我敲开了大门。）

因此，从表面上看，如果政府将工资收入税收所得的收入转用于其他目标，哪怕是其中的一小部分，都是对罗尔斯正义的阻碍。举例来说，推行全民免费医疗制度可能会显著削减原本用于工资补贴的税收收入，即使其初衷在于为劳动人民无偿提供医疗服务，也可能导致低收入工人群体的净福利缩减。罗尔斯会如何回应呢？

我看到，大多数甚至几乎所有引用他名字的评论家都把他的书理解为呼吁将巨额税收用于各种福利项目，而很少或根本不关心最弱势的劳动者。罗尔斯的正义理论与那些参与社会中心项目（经济项目）的人有关。1976年4月中旬，我从阿姆斯特丹给罗尔斯寄了一封信，敦促他再次解释他的正义理论提倡奖励最弱势劳动者的工作，而不是一般的穷人。但多年过去了，他没有做出任何回应。最后，他在《哲学与公共事务》上发表了论文《权利的优先性与善的理念》，并在文中做出了回应。在这篇论文中，他写道："那些整天在马里布冲浪的人必须想办法养活自己，他们没有资格获得公共资金。"[9] 我觉得我对《正义论》的理解得到了证实。

然而，还有几个围绕他的书的问题必须进行探讨。首先，如果将罗尔斯税收中的大部分甚至绝大部分收入用于推行或扩大诸如住房、食品和医疗补贴等社会项目，这肯定会背离罗尔斯的愿景。据报道，有人曾问罗尔斯，他所设想的正义制度如何应对将部分收入用于最弱势劳动者的要求。据说他打了个比方回应说，政府应该询问贫困劳动者是否同意将他们的收入挪作他用。当然，现实中有众多法案要求政府增加支出，其中许多法案可能会绕过专门为贫困劳动者设立的审批程序。同时，许多受到工薪阶层欢迎的政府项目由于可能会被认为对贫困劳动者有益而获得批准。

我想说的是，尽管我在20世纪70年代还无法清晰地阐述它，因为针对正义的概念尚未达成广泛共识或人们尚未对其进行广泛研究,但正义的概念仍然是基础性的。同样,一个经济体系和一套价值观的概念为参与者提供了追求幸福生活的机会,这也是基础性的。这就是所谓的"福利经济学"(古代学者曾讨论过的"正义与善")。如果人们要面向未来(投资资本、投资教育、思考可能的创新和新方向),那么建立国防可能也是必要的(亚当·斯密在这方面的看法并没有错),还有街道安全、财产权和公共卫生等问题。显然,公共服务需要政府支出,而这些支出迟早都要由税收来承担。似乎,为所有这一切提供资金的一个可行办法是对资本(撇开其他财产不谈)征税,以支付公共服务的各种保护和服务的费用,并对工资征税,以资助低工资就业补贴。但最好的办法是什么?

可以想象,在一个拥有大量弱势劳动者的经济体中,最好的解决办法是最大限度地增加工资收入和利润收入的税收。然而,这样一来,工资补贴是应该完全等于工资收入税的收入,还是应该高于工资收入税的收入?这是一个悬而未决的问题。在20世纪70年代,我无法回答这个问题,也从未问过罗尔斯。也许这个问题就是无法回答的。

然而,在重读罗尔斯的一些著作时,我发现,罗尔斯在讨论针对最弱势劳动者的正义观时表明,处于优势地位的劳动者受其正义感的驱使,会很乐意将自己收入的一部分重新分配给处于弱势地位的劳动者。但他没有想到，条件更好的储蓄者（相较于其他人，他们更能通过投资获取收益）也会乐于将他们由此产生的收入的一部分，重新分配给条件更差的储蓄者或工作能力更低的劳动者。但是，毫无疑问，这个问题尚未得到全面解答。

在我关于罗尔斯正义的第一篇论文中，我将罗尔斯正义模型化，并将其应用于一种极为简单的经济形式。之后的一段时间里，我的大部分研究都围绕着探讨关于罗尔斯经济的问题，包括资本、世代重叠以及一些决定国民储蓄的原则。幸运的是，在20世纪70年代中期，我遇到了哥伦比亚大学的博士生亚努什·奥多弗，并很快建议他和我一起进一步探索这一未知领域。（奥多弗是波兰经济理论家、市场社会主义鼻祖奥斯卡·兰格的得意门生，所以我很高兴他也成了我的得意门生。）

我们交流后的第一项成果是他博士论文中的一章，内容是在一个简单的增长模型中对工资和利息（或利润）征税，并且他还发表了论文《增长型经济中的分配正义与工资和利息的最优征税》。[10] 接下来的作品是我们共同在期刊上发表的文章《为达到代际公平对财富和工资线性征税——一些可靠的国家案例》。[11] 有趣的是，从一个模型到另一个模型的转变可能会对实现最低工资率最大化的最优税收结构产生关键影响。（在洛杉矶时，我与加利福尼亚大学洛杉矶分校的约翰·莱利就"罗尔斯的代际正义观意味着什么"进行了交谈，并由此探索了一条截然不同的工作路线。我们的研究成果发表在《罗尔斯式增长：实现代际"最大化"正义的资本和财富的动态规划》这一作品中。[12]）

与罗尔斯的计划截然不同的是，比利时政治哲学家菲利普·范·帕里斯在其1995年出版的《人人享有真正的自由》一书中详细倡导了全民基本收入（UBI）计划，且这一计划在2019年由美国企业主和政治候选人杨安泽重新提出。[13]社会必须了解这一计划的不利后果，因此我将讨论范·帕里斯的提议，即反罗尔斯的观点。

对全民基本收入的讨论

大约1999年，在剑桥大学三一学院的由阿马蒂亚·森召集的一次探讨新思想的小型会议上，我遇到了范·帕里斯，他以自己对全民基本收入的看法开启了话题。我很震惊，于是愤怒地抨击了他的提议，但没有人支持我。我担心阿马蒂亚·森和他的妻子艾玛·罗斯柴尔德不会和我说话，但当我离开餐桌时，阿马蒂亚·森伸出了手，似乎在对我的批评表示赞赏甚至是支持。这次冲突后不久，我受邀在《波士顿评论》上撰写了一篇回应范·帕里斯的文章，题为《全民基本收入》。[14]

遗憾的是，虽然在一个国家实行全民基本收入是为穷人提供生活保障的一种方式，但这将无助于提高低收入工人的工资，使他们自给自足——在西方国家，人们普遍需要这种能力来维持自尊。（一系列的间接影响可能会暂时小幅提高工资，但在不久的将来会减缓工资的增长。）全民基本收入将使人们远离工作，从而失去只有通过工作才能获得的尊严、归属感和工作满足感。正如我过去在其他场合所论证的那样，全民基本收入诱使人们及其子女远离有意义的工作，从而失去参与经济这一社会核心项目的感觉。令人失望的是，全民基本收入并没有遭到广泛的反对。[15]

一些人反对标准的全民基本收入，认为其代价高昂。正如达龙·阿西莫格鲁在2019年6月的《报业辛迪加》上发表的一篇文章《为什么全民基本收入是个坏主意》中所论述的那样，如果不增加或无法增加税收，就必须大幅削减其他社会支出。[16]确实，将低工资补贴提高到罗尔斯水平需要相当多的资金投入，而在我建立的罗尔斯模型中，所有这些都由高收入纳税人承担。然而，这些高收入人群工作的消极因素会伴随着对低收入人群工作的积极激励。相比之下，范·帕里斯提出的全民基本收入比例，由于降低了所有人的工作积极性（其中一部分人的工作积极性被大大降低），显然会产生更高的成本，甚至高出很多。

1971年秋，我来到哥伦比亚大学，开始欣赏它的辉煌历史。在教员公寓，我们可以结识许多极其有趣的人。参与曼哈顿计划的物理学家之一伊西多·拉比及伟大的社会学家、富有独创性和广泛性的典范罗伯特·默顿经常出现在这里。雅克·巴尔赞也在那里，但我从未见过他。我很快就和西德尼·莫根贝瑟成了好朋友，他是一位充满传奇色彩的道德哲学教授，多年来有着极其广泛的兴趣，不过他不擅长写作。他和他的妻子乔安·海姆森邀请我参加了在他们公寓举行的新年聚会，我在聚会上与托马斯·库恩进行了交谈。他在《科学革命的结构》一书中提出了"范式转换"的概念，这个概念令我着迷。[17] 这些杰出人物是哲学家约翰·杜威、统计理论家哈罗德·霍特林、文学评论家莱昂内尔·特里林以及化学家哈罗德·尤里的直接继承人，有些甚至还是他们的学生。20世纪30年代，哥伦比亚大学和芝加哥大学一直名列前茅。

凯尔文·兰卡斯特、罗纳德·芬德利和我开始努力将经济系的水平提高到一个高标准，而且我们在宏观经济方面取得了巨大成功。我们有幸聘请到了罗伯特·蒙代尔，他因在国际贸易、"开放型经济宏观"（著名的双象限图）以及货币和财政政策的"供给侧"经济学方面的工作而闻名。我曾打电话给他，希望他能接受邀请，并向他保证他的职位不会有任何苛刻的要求。记得他还是个学生的时候，我招募了吉列尔莫·卡尔沃从事宏观经济理论方面的研究工作，而我在斯坦福大学遇到约翰·泰勒后，便招募他负责计量经济学方面的事务。

在这 10 年即将结束时，成就卓著的宏观经济学家斯坦利·费希尔对我说，哥伦比亚大学拥有全国最好的宏观经济学团队。

1972 年 1 月，我在哥伦比亚大学遇到了薇薇安娜，她当时在经济系复印机旁边的一间密室里担任考试文件整理员。我连续三天找她借烟，并在第四天邀请她去听由伦纳德·伯恩斯坦指挥的纽约爱乐乐团音乐会。来自不同背景的我们交谈甚欢，她的智慧和成熟给我留下了深刻印象。她在布宜诺斯艾利斯长大，曾在巴黎学习，精通西班牙语、法语和意大利语。我们于 1974 年 10 月结婚，并搬进了一间公寓，住在一起的还有她的两个孩子莫妮卡和爱德华多。我们一起规划着未来，薇薇安娜学习绘画，后来在纽约成为一名口译员。事实证明，我们的婚姻对我的人生至关重要。在她的敦促下，我们踏上了前往欧洲的旅程。她认为我必须了解其他生活方式，通过接触不同的民族及其文化来了解社会，这很重要。

我们首先参加了在意大利锡耶纳附近的圣科隆巴宫举行的夏季会议，罗伯特·蒙代尔和他的妻子瓦莱丽·纳齐奥斯每个夏天都会去那里，保罗·沃尔克也是那里的常客。我们玩得很开心！最后，迈克尔·库琴斯基驾驶着越野车，载着我们五个人，风尘仆仆地前往目的地托斯卡纳。

在会议上，我们请克里斯蒂安·冯·魏茨泽克帮忙留意是否有欧洲访问学者的职位，很快他便给我们反馈了信息。1978年夏，我们去了阿姆斯特丹，我在阿姆斯特丹大学举办了几次讲座。我们还遇到了玛丽斯和于尔根·施罗德，他们后来邀请我在1979年和1980年夏天前往德国曼海姆大学访问，我住在神奇的奥登瓦尔德——神话《尼伯龙根的指环》里的森林。在这两次访问中，我把我的论文整理成集，并为《宏观经济学理论研究》第一卷和第二卷写了序言。[18]

这三次夏季访问标志着我长达20年欧洲之旅的开始。然而，哥伦比亚大学和纽约仍然是我进行思考和写作的主要阵地，尽管并非全部。

第五章

供给学派、"新古典"和非凯恩斯式萧条

我在20世纪60年代奠定了宏观经济学的微观基础，在20世纪70年代发展了罗尔斯经济正义理论的基础。因此，在20世纪80年代到来时，我并没有积压的理论观点。但我还有一些现象需要解释，也有一些最新的理论问题需要思考。

20世纪80年代初，西方大部分国家面临的挑战已经相当严峻。美国20世纪60年代末开始的社会动荡的影响波及整个20世纪70年代，而20世纪70年代固定汇率制崩溃后爆发的通货膨胀也是如此。不仅如此，从20世纪70年代初开始的以全要素生产率衡量的经济增长速度放缓也令人担忧（除了信息技术革命期间，这种放缓至今仍未得到改善）。美国的吉米·卡特总统在1979年7月发表的电视讲话中谈到了笼罩全国的"萎靡不振"，罗纳德·里根在随后的总统竞选活动中对这一观点大加嘲讽。[1]在20世纪70年代和80年代，英国爆出了前所未有的一系列丑闻，一些人将其视为精神失落的迹象。英国首相玛格丽特·撒切尔夫人似乎也感受到了这种落差，她曾表示："过去人们总是努力要做成某件事。"针对这一情况，公众的反响如何？

里根总统认为美国长达10年的经济增长放缓是税收扼杀商业投资的结果，为此他推动国会通过了一项立法，旨在通过大幅削减企业所得税来促进投资。撒切尔夫人认为英国的长期经济停滞与美国的模式如出一辙，原因都在于福利国家的监管和支出。因此，她采取了一系列措施，包括推动自由市场、放松管制和实行紧缩政策，旨在鼓励新公司和新产业进入市场。但里根总统的这一减税政策受到了民主党的猛烈抨击，同样，撒切尔夫人的改革措施也遭到了工党的强烈反对。在这两个国家，观察者仔细研究了有关投资和增长的数据，以此检验减税和改革所带来的影响。

一般来说，经济学家对于应对经济增长放缓或停滞的最佳经济政策是什么，以及这些政策的成本和收益是什么，几乎一无所知。在我从事宏观经济学和福利经济学研究的这个阶段，我自己对此也了解甚微。奇怪的是，鲜有学者会对此领域进行研究。

浅谈供给侧经济学

罗伯特·蒙代尔登场了。1959年12月下旬，在美国经济学会年会期间，我和蒙代尔在国家科学基金会举办的一次非正式招待会上相识。蒙代尔比我大9个月，且比我早一年获得博士学位，他那篇轰动一时的论文《固定及浮动汇率下国际货币调整的动态机制》于1960年5月在《经济学季刊》上发表。[2] 我们有相同的兴趣爱好。我询问他当时的研究内容，他说他正在研究通货膨胀和实际利率，恰巧当时我刚写了一篇相关主题的论文。

依我的拙见，蒙代尔在他职业生涯的这个阶段的主要贡献是，他在1960年5月发表的《货币经济学》论文中将凯恩斯的就业理论扩展到了开放经济。在该论文中，他展示了约翰·希克斯对凯恩斯封闭经济理论的数学化可以进一步应用于描述小型开放经济，即IS-LM模型决定了利率和产出。在这个模型中，市场力量会使该经济体的利率与世界利率保持一致；对该国产出的总需求，包括国内和国外需求，必须足以将该国的利率拉高到世界利率的水平。而正是这一利率支配或决定着国家的产出和就业。因此，国内需求的增加并不会拉动产出和就业。蒙代尔喜欢反问："需求去哪儿了？"他解释说：

"它流向了海外！"在这种情况下，财政刺激政策是难以发挥作用的。

然而，货币刺激政策确实有效。货币供应量的增加会推动产出上升，直到利率被拉回世界平均水平。在给本科生讲授宏观经济学时，我总是喜欢展示希克斯的图，图中只有流动性偏好-货币供给曲线（LM 曲线）和一条世界利率水平线，然后我会让学生"讨论"。最优秀的学生认为，在这种情况下，该图表明国内的投资-储蓄曲线（IS 曲线）没有任何影响。

蒙代尔的模型在 10 年后得到了进一步拓展。他的研究生导师查尔斯·金德尔伯格邀请我参加 1969 年在葡萄牙阿尔加维举行的国际经济协会会议，并参与讨论蒙代尔的一篇题为《欧美货币关系》的论文。在这篇论文中，蒙代尔在小型经济体模型中将世界利率作为外生变量。该模型描述了两个大型经济体如何决定它们的共同利率。它首次向我们展示了一个国家投资需求的增加如何拉高两国共同的利率，从而刺激该国经济体的产出和就业，同时减少另一国经济体的投资活动。[3]

蒙代尔的研究在美国还产生了另一个相当重大的影响。在战后几十年美国经济大繁荣时期，人们对"流动性陷阱"（利率过低，中央银行无法进一步降低利率的问题）的担忧有所缓解，因此可以通过灵活运用财政刺激和货币刺激这两种工具来有效地管理和调节总需求。多年来，凯恩斯主义者对于如何处理大型经济体（尤其是那些大到可以视为一个封闭经济的经济体）中的经济衰退问题一直存在分歧。他们未能做出明确的抉择，究竟是由中央银行采取货币刺激措施，还是依靠财政部实施财政刺激措施。

蒙代尔的洞察力无疑源于其在贸易理论方面的背景，他认为财政工具在某一方面比货币工具具有"相对优势"，同理，货币工具在另一方面也拥有相对优势。他指出，财政政策工具，即设定预算赤字（或盈余）的规模，用来稳定就业水平；而货币政策工具，即设定基准利率，用来稳定价格水平。他认为，以上两种分配倒置将导致徒劳无益的尝试：（1）通过越来越多的财政紧缩来稳定物价；（2）通过越来越多的货币刺激来稳定产出，从而引发恶性通货膨胀和经济萧条。蒙代尔不止一次指出，美国经济顾问委员会遵循他所谓的"萨缪尔森-托宾'新古典综合派'"的理念，主张通过低利率来刺激经济增长，并通过实现预算盈余来吸收过剩流动性，从而抑制通货膨胀。然而，蒙代尔认为这种政策会使经济脱轨。[4]

蒙代尔的观点显然背离了当时的宏观经济主流思想，并且带来了深远的影响。他因在"货币和财政政策的分析"方面的卓越贡献而获得了1999年的诺贝尔经济学奖，并且他是该

第五章 供给学派、"新古典"和非凯恩斯式萧条　　119

奖项的唯一获得者。而且，他的研究成果改变了世界各地财政政策的实施方式。我敢打赌，如果他回顾自己的职业生涯，最让他难忘的一段记忆一定是1980年前后，他致力于推动华盛顿特区和国外采纳自己的政策时所做的努力。

1974年秋，蒙代尔来到哥伦比亚大学，开始定期参与一个小组会面，该小组致力于通过制定供给侧政策来解决低就业率问题。这个小具规模的经济学家小组每年都会在他位于意大利锡耶纳郊外的避暑别墅中召开会议，会上大家各抒己见，我也经常参与会议。1980年，罗纳德·里根以压倒性优势赢得总统大选，并着手说服国会通过大规模减税措施对企业利润的税率进行削减（以及对其他类型的收入进行减税，但幅度相对较小）。供给侧经济学一时颇受公众追捧，蒙代尔也成了公众人物。（在1984年出版的一期《纽约客》杂志上，蒙代尔接受了关于供给侧经济学的大篇幅重要采访。[5]在我看来，这本杂志对蒙代尔的采访的重要性可以与对约翰·J.麦克洛伊以及泰德·威廉斯的采访的重要性相提并论。）

然而，新政策会带来不确定性，也会引发反对意见，蒙代尔的政策组合无疑就属于一种新事物。既定的供给侧政策让人们不清楚经济将如何发展、资本存量将走哪条道路、价格水平将落在何处。此外，遵循这一供给侧政策组合可能会让经济回到人们不希望看到的增长路径上。(供给侧数学模型的所有方程关注的都是变化率,而不是绝对水平,这意味着我们无法精准地选择经济增长的终点,或者更确切地说,无法选择我们希望与供给侧政策相连接的均衡增长路径。)

我还有另一个担忧。这一想法与蒙代尔后来在诺贝尔奖演讲中所强调的不谋而合:"供给侧经济学是基于一种政策组合,即通过货币秩序实现价格稳定,并通过财政手段刺激就业和增长。"[6] 为了刺激需求,货币当局要把实际和预期的通货膨胀率降到一个理想的水平;而为了刺激供给,财政当局应降低所得税率,以刺激企业的投资需求,或者缩减公共开支,以刺激储蓄供给。因此,无论采取哪种方式,这种政策组合都会推动资本存量走上更高的增长路径,但其代价是将公共债务推向更高的发展路径。正如保罗·萨缪尔森所说:"只要有适当的财政和货币政策,我们的经济就能实现充分就业,并能达到它想要的任何资本形成率。"[7,8]

但这里可能存在一个问题。比如,当政府在预算平衡的情况下开始实施这种使资本存量陡然攀升的措施时,公共债务的注入(或比开始时更多的债务)会在财富和资本之间形成一个"楔子"。因此,由于公共债务逐渐膨胀,资本与财富之间的差距("楔子")会逐渐拉大,进而会减缓利率的下降以及工资率的上升速度。

美国里根政府似乎相信企业所得税率可以在任何时间内大幅降低,以维持较高的投资率,从而加快资本存量的增长。然而,随之而来的公共债务的增加对这种信仰产生了负面影响。不过,当时人们并不理解这一点,现在依然不理解。

关于供给侧经济学的观点,人们可能会有很多赞成或反对的说法。显然,大幅降低企业所得税率只能使资本存量一次性攀升到一个更高的时间路径上,并不能实现增长率的持续提高。这样的政策也伴随着一定的代价。持续降低企业所得税率必须以某种其他方式进行融资。如果为了满足社会需求而把工资收入的税率定得很高,那么试图通过提高工资收入的税率来弥补因降低所得税率而损失的税收收入将会引发更多问题。在这种情况下,压低劳动力供应以增加资本供应可能对大多数甚至所有经济参与者来说都是不可取的。

20世纪80年代的某天,我和蒙代尔共进午餐,当讨论到他的供给侧论点时,我提出了一个观点:持续的财政赤字将导致经济背负沉重的公共债务;尽管它能在国民收入的基础上增加人们的财富,但也会减少国民储蓄在国民收入中的占比;因此,最终它将会降低资本存量在国内生产总值中的比重。对我而言,这对供给侧论点构成了质疑,即通过赤字融资降低利润率，其净效应应将是提升资本存量的增长路径。蒙代尔只说了一句："别忘了还有那些债券。"[9] 我不清楚他是否认同我的观点（他经常喜欢故弄玄虚）。

当然，里根政府实行减税政策之后的情况也很好地证明了这一点。事实上，20 世纪 80 年代美国确实出现了经济复苏，但即使没有减税政策，人们也会期待从 20 世纪 70 年代受到的冲击（石油冲击、汇率变化和街头暴力）中恢复过来。（投资支出是否比消费支出增长得更多，甚至与消费支出一样多？并非如此。在整个 20 世纪 80 年代，投资在国内生产总值中所占的比例似乎呈下降趋势，而消费支出所占的比例呈上升趋势。）特朗普的减税政策进一步印证了这一点。2017—2019 年，美国经济从繁荣走向鼎盛，但投资并没有比消费增长得更多。

新古典学派

在宏观经济理论中，20 世纪 80 年代，人们迅速认识到预期对理解工资、价格和就业动态的重要性。我在 20 世纪 60 年代后半期开始研究的理论为：当商业疲软时，如果一家公司预测其他公司不会采取大幅削减价格或工资的措施，那么该公司也不会（或根本不会）大幅削减价格或工资（因此工资即使会调整，也会调整得很慢）。从一开始，这一理论就有了一些追随者。凯恩斯主义者没有理由不接受这一微观基础理论（尽管有些人把它看成异端邪说），它有时也被称为新凯恩斯主义经济学。

然而，后来被称为"新古典学派"的学派（产生于芝加哥大学的学派）也在20世纪70年代开始受到追捧。在那些年，该学派的领军人物罗伯特·卢卡斯发表了三篇论文，他认为企业和个人都具有约翰·穆斯所提出的"理性预期"——个人和企业所获得的预期是可以通过分析一个合理的数学模型计算出来的预期。这一假设排除了企业在制定季度或年度的价格或工资时，系统性地低估其他企业将采取的削减价格或工资的措施的可能性。因此，这导致它们削减价格或工资的幅度，小于它们在完全了解信息的情况下本应削减的幅度。（具有讽刺意味的是，在上述第一篇论文中，卢卡斯借鉴了我在《微观基础》一书的引言中提出的"岛屿经济"寓言。[10]）

此前，我曾深入研究过弗兰克·奈特1921年的著作《风险、不确定性与利润》，凯恩斯1921年的著作《概率论》以及他1937年的文章《失业通论》，还有弗里德里希·哈耶克1948年的著作《个人主义与经济秩序》，但我无法领会卢卡斯的思维方式。

我认同这样一种观点，即如果一家公司年复一年地观察其他公司在遭遇各种冲击时所采取的应对措施，那么这家公司可能很快就会掌握相关经验，并相应地调整自己的措施。然而，在新古典经济学的世界里，所有这些情况都已出现，所有企业也都已经察觉到了这种潜在的力量。我认为，在现实世界中，一个国家的经济一般并不在以正确（至少是无偏见的）预期为特征的均衡路径上，而且，除非有新的经济情况出现，否则该公司将在经济发展的过程中不断学习并形成正确的预期。所有以上观点都在1983年出版的《个人预测与总体结果：理性预期观点》一书中有所阐述。该书源自我和罗曼·弗里德曼在纽约大学组织的一次会议。[11]弗里德曼是一位与我志同道合的现代经济学倡导者，也是我的老朋友。我特别感兴趣的是弗里德曼的两篇文章，罗伊·拉德纳所探讨的玛格丽特·布雷的文章，以及胡安·卡洛斯·迪·塔塔的文章。并不是只有弗里德曼和我才认同这种观点。

我认为卢卡斯及其合作者的研究表明，在穆斯提出的"理性预期"的前提下，我们可以得出一些有趣的结论。然而，他们的研究并没有反驳这一点：在充满奈特氏不确定性（新的变革力量极大地加剧了这种不确定性）的世界里，价格和工资制定者在决策时，会通过猜测别人决定做什么来做出决定。相对地，20世纪60年代末的微观经济学基础似乎为短期商业波动提供了一种实用的理论支撑。

以上就是我对理论之争的介绍。19世纪80年代，古斯塔夫·冯·施莫勒的德国新历史学派与卡尔·门格尔的奥地利学派之间爆发了一场关于经济学研究重点的理论之争，即著名的"方法论论战"。得益于里昂·瓦尔拉斯、阿尔弗雷德·马歇尔和克努特·维克塞尔创立的新古典学派取得的根本性的进展，理论学派取得了胜利。到了20世纪20—30年代，类似的纷争再次上演。当时由约瑟夫·熊彼特、欧文·费雪和阿瑟·庇古领导的新古典学派逐渐被现代主义理论家弗兰克·奈特、凯恩斯和哈耶克的光芒掩盖。这一发展类似于一二十年前威廉·詹姆斯和亨利·柏格森在哲学领域的崛起。20世纪60年代，我致力于研究微观与宏观理论所需的预期形成机制，随后在1969年1月的微观基础会议上又发表了进一步研究的成果，这些研究成果构成了一个新的微观-宏观理论体系，形成了"新现代主义"。在这个体系中，奈特、凯恩斯和哈耶克被视为现代主义理论的先驱。

卢卡斯等人在20世纪70年代的研究建立了通常被称为"新古典主义"的微观-宏观理论。他们勇敢地将古典理论的应用范围扩展到那些经常受已知概率支配的波动干扰的经济体,但其研究并未超越古典理论的核心范畴。当然,我对卢卡斯等人所取得的成果深感兴趣。但我认为,一般来说,假设模型中的经济行为者的预期是"理性"的(基于分析师所采纳的或许是构想出来的同一模型),那么这一设定是非常不切实际的,以至于依赖该模型的结果可能会带来极大的风险。我很感激自己能够在奈特、凯恩斯和哈耶克等先驱的思想指引下进行研究。

我很遗憾听到新古典主义者暗指像我这样的理论家,由于认识到经济中存在显著的不确定性和不完美信息,因此构建了一套关于经济如何运行的模型,而这套模型并不够复杂,所以也不具有描述性(或者至少不如他们的模型具有描述性)。正因如此,他们似乎认为可以理所当然地摒弃其他理论,以支持他们模型中的古典观点。在我看来,新古典主义者对"理性预期"的坚持恰恰暴露了他们对现代经济知之甚少,甚至一无所知。其核心是由现代人的判断力、直觉和想象力驱动的。

然而,重要的是,新古典主义学派开始在美国大部分地区的经济理论教学和许多政策制定圈的思想中占据主导地位。最近,曾在牛津大学学习的拉纳·马塞拉告诉我,约翰·希克斯因其简单的 IS-LM 模型使人们能够理解凯恩斯的理论,但他对于新古典经济学被广泛接受感到愤怒。(据马塞拉说,希克斯认为我是美国"唯——个"反对他的人。)

我们发现,经济学学术期刊的编辑往往不愿意发表那些采用的前提和得出的结论与时下已经被视为科学主流的经济思想相悖的文章。这种思维定式的严重后果是,它阻碍了新理论的传播,从而减缓了经济学领域的进步,也打击了人们创造新理论的积极性。因此,无论当今的经济思想存在多大的缺陷和误导,它都将延续下去。在 2018 年于柏林举行的全球解决方案峰会上,我有幸参加了一个由乔治·阿克洛夫发表演讲的小组讨论。他在演讲中谴责了主流经济学思想领袖对经济学期刊的掌控现象。詹姆斯·赫克曼也就此议题发表了看法。我在会议发言中表达了自己长期以来对这种状况的不满和担忧。

撰写《政治经济学》

20 世纪 80 年代前半期,我一边持续关注供给侧讨论,一边写新古典主义论文,与此同时我还得留出很大的精力编写一本教科书。我与 W. W. 诺顿公司签订了合同,准备编写一本经济学入门教科书,但我拖延了十多年才开始动笔。(我的好友唐纳德·拉姆告诉我,耶鲁大学出版社董事会会议有一天一定会请拖欠手稿最多的作者参会,而我已经上升到第二名,仅次于雪莉·麦克雷恩。)

当然,现在是时候推出一本新教材了。保罗·萨缪尔森的《经济学》是当时主流的入门教科书。该书于1948年首次出版,比我写书的时间早了近40年。该书对那个时代的核心问题进行了精彩的阐述,尤其是就业决定方面的问题。但在那40年里,经济学取得了巨大的发展。因此,我觉得有必要为大学生提供一本观点更新颖、内容更广泛的经济学入门读物。

这是一项艰巨的任务,尤其是想要尽己所能做到尽善尽美。对我来说,首要的是阐述微观经济学,然后是市场经济、"经济正义"、微观-宏观经济学以及其他令人赞叹的发展成果。我在《政治经济学》的序言中解释道:"这些基本问题为政治经济学的主要课题奠定了基础,这些课题涵盖经济体系与公共法律的选择,以及社会可用来协调和奖励其成员参与经济的政策。"[12] 这本书聚焦于市场的古典派捍卫者与市场的后古典派批评者之间的争论,后者主张政府进行大规模干预,以弥补市场的缺陷。此外,这本书还对新古典学派和新凯恩斯主义学派在货币经济学和就业波动方面的观点进行了清晰的阐述。

我偶尔会摆脱传统思维的束缚,其中一次是关于非金钱奖励的:"我们不能低估非金钱奖励的重要性。"正如纲纳·缪达尔所指出的:"……创造某种东西,任何事物……几乎对我们所有人来说都极具价值。"[13]

我的另一个离经叛道之处是对工作的看法。正如独立思想家托斯丹·范伯伦和阿尔弗雷德·马歇尔所理解的那样，大多数人都不想过没有工作的生活，因此对他们来说，工作是一种"效用"的来源。与教科书的另一个不同的地方是，我用了整整一章的篇幅介绍罗尔斯的公平理论、萧伯纳和理查德·陶尼的平等主义以及杰里米·边沁的功利主义。

这本书的创作可以说始于1979年，当时我教授一门实验版的经济学入门课程。我的编写工作于1980年1月在布宜诺斯艾利斯和里约热内卢开始，在曼海姆和慕尼黑持续了三个夏天，最终于1984年夏天在菲耶索莱和纽约完成。

夏末，当我把书稿交给W. W. 诺顿公司时，我发现在题为"合作的收益"（主要是关于贸易和相对优势的收益）的章节中，我遗漏了一个一直令我困扰的方面：一国的对外贸易对收入分配（工资率和其他收益）的影响。我写道："里卡多没有深入研究一个棘手的问题，那就是，所有生产布匹的葡萄牙人都能从对外贸易的开放中获益吗？所有从事葡萄酒行业的英国人都能过得更好吗？"[14]这个问题深深吸引了我，我为此耗费了数月的时间进行研究，出版时间推迟了。（我的同事罗伯特·芬斯特拉在这个领域进行了更深入的研究。）

该书被少数几所学校采用，其中大部分位于欧洲，包括斯德哥尔摩经济学院（拉尔斯·伯格曼多年使用此书授课）和阿姆斯特丹大学（埃里克·巴特尔斯曼一直以来都是这本书的支持者，他还是我创作这本书时的助手）。此外，该书也被纳入剑桥大学、鹿特丹伊拉斯姆斯大学以及巴黎政治学院经济学本科第一年课程的教学用书（法国经济学家雅克·勒·卡丘对其进行了精湛的翻译）。但该书并未被广泛使用。在美国，许多经济学教师认为该书过于矫揉造作或晦涩难懂，这当然令人感到痛心。

然而，这并不重要。这本书并不是为了让多数大学毕业生熟悉当代经济的特征，它更像是一本介绍政治经济学（或简称经济学）这一领域惊人进展的选集。对我来说，这本书是表达我作为参与者探索这一领域发展的情感的载体，这个历时4年的著作是我的心血。

当我于6月中旬在意大利银行收到我的第一本样书时，我时不时地停下来阅读其中的片段。令我欣喜的是，一些对我而言极其重要的学者对此书赞赏有加。约翰·罗尔斯在一封手写信中对这本书赞不绝口（但不幸的是，这封信因一次办公室意外而遗失）。据闻，詹姆斯·托宾在1986年美国经济协会年会的教科书专题讨论会上评论称，这是继1912年欧文·费雪出版的《经济学基本原理》之后最好的教科书。这本书至今仍令我引以为豪。

在罗马和菲耶索莱的工作

1985—1986年，我开始在古根海姆休假，第一站是在意大利银行担任半年访问学者。我在圣保罗的一次会议上结识了路易吉·斯帕文塔。随后，他向当时意大利银行的二号人物（后来成为意大利加入欧元区的领军人物）托马索·帕多瓦·斯基亚帕推荐了我，并替我表示愿意接受邀请。我与斯帕文塔和他的妻子克莱尔·罗伊斯后来成了好朋友，与斯基亚帕和他的妻子、经济学家菲奥雷拉·科斯托里斯也成了好朋友。

从某方面来说，意大利这段时期非常糟糕。恐怖组织成员在佛罗伦萨绑架并杀害了意大利前总理阿尔多·莫罗，而就在我抵达的几周前，他们又在意大利银行后面的停车场暗杀了经济学家埃齐奥·塔兰泰利。我和他本来还期待着能就某些经济学问题展开辩论。1985年6月中旬，当我抵达时，我发现银行的安保措施是迄今为止我见过最严密的。大约一年以后，人们发现了一份暗杀名单，其中一些经济学家的名字赫然在列。

然而，那时的罗马正处于最辉煌的时期。我们住在帕里奥利区的派谢洛街，那里离博尔盖塞别墅（又名波格赛公园）和帕克德普林西皮水疗大酒店不远。1965 年，世界计量经济学会就是在那里举行了第一届世界大会。1952 年，我在欧洲旅行时曾在帕里奥利过夜，但那里的生活似乎发生了变化。我可以感受到人们身上充满了活力，我看到一位年轻女子从一家商店里冲出来，骑上摩托车飞驰而去。在绵延曲折的罗西尼大街的露天餐馆里，人们谈笑风生，其乐融融。

然而，意大利的经济陷入了萧条，整个欧洲经济共同体（EEC）同样如此。在意大利，失业率从 1974—1979 年（同 1960—1967 年）的 5.7% 上升到 1985—1986 年的 12.8%。欧洲经济共同体的 9 个国家的失业率从 1974—1979 年的 4.6% 上升到 1985—1986 年的约 11%。这是一次严重的经济衰退，同等严重程度直到 2007—2009 年的全球金融危机才再次出现。（有趣的是，在撒切尔夫人执政时期，英国的失业率从 4.3% 上升到 12.1%，这一数据与意大利和欧洲经济共同体的失业率相差不大。因此，总体而言，也许她的政策和决定并不是造成英国 10 年经济不景气的原因。）

相比之下，美国的失业率上升幅度很小，从 1974—1979 年的约 6.8%（1960—1967 年为 5%）上升到 1985—1986 年的

7.0%左右。值得注意的是，在1982—1983年，美国的失业率曾一度上升到9.6%，然后在1984年又回落到7.5%。

归根结底，我们可以说，当美国摆脱了20世纪70年代的经济衰退时，欧洲正从20世纪60年代开始的20年繁荣步入20世纪80年代的经济衰退。对凯恩斯主义者来说，欧洲的这种反向变化更令人费解。（在凯恩斯主义理论中，约翰·肯尼迪喜欢说"水涨船高"。因此，他预测美国的经济复苏将提振欧洲经济，而不是使其沉沦。）我想知道：在美国经济复苏的同时，有哪些事件和机制可以解释欧洲经济的衰退？

在罗马，尤其是在意大利银行，我有了思考这个问题的好机会。斯蒂法诺·米科西教了我很多意大利经济方面的知识，而当我想研究一些东西时，路易吉·圭索和洛伦佐·比尼·斯马吉会随时为我提供研究帮助。在罗马，来自萨皮恩扎大学的路易吉·斯帕文塔、马尔切洛·代·希丘斯和乔瓦尼·特里亚都是我的好朋友。

我所了解到的欧洲情况和数据，并没有显示出任何国内冲击足以成为其经济严重衰退的原因。然而，有一个相当大的来自外部的冲击：1981年，里根政府对企业实行利润减税政策。这一减税政策对20世纪80年代投资需求的刺激程度的预期和实现在金融界引起了广泛讨论。

该理论就是那个时代的经济学家熟悉的凯恩斯主义理论。在一个汇率浮动的两国世界中，A国投资需求的增加（如所得税削减带来的需求增加）会造成本国需求过剩，从而迫使其货币升值，进而导致B国货币贬值。后一种发展导致B国的出口需求增加，从而增加了该国的总需求和就业机会。简而言之，国内总需求的增加导致国内需求过剩的同时，也造成全球利率的上升，进而减少了国外的投资和工作机会。

我想知道，美国对其企业利润的减税是否有可能通过其他途径对欧洲产生负面影响？我了解到，在欧洲大陆，许多经济学家倾向于运用某种版本的古典经济学，从20世纪初的维克塞尔和费雪到20世纪20年代和30年代初的庇古和拉姆齐的经济理论，以解释欧洲的经济萧条。我理解，在古典经济学理论中，如果劳动生产率低于均衡水平（在协商实际工资增长时所预期的路径），失业率就会高于预期水平，从而导致就业率下降或至少增速放缓。然而，我当时并没有搞清楚是什么原因导致了欧洲劳动力需求下降。

不难想象，或许其他类型的凯恩斯主义理论可以解释欧洲的经济衰退。例如，美国的税收削减政策（以及对此的预期）在推高世界实际利率的同时，是否抑制了包括欧洲在内的世界其他地区的投资需求，从而影响了就业？这些经济体并没有享受到足以抵消利率上升的税收削减。(我们可以在不违背凯恩斯主义理论的前提下对这个问题进行推测。)

在意大利银行担任访问学者接近尾声时,我开始按照与西德尼·温特在1969年会议上发表的一篇联合论文中提出的客户市场模型的最新思路进行思考,该论文发表在《微观经济基础》中,尽管这种思考并没有让我在访问银行期间发表新的论文。[15]

1985年9月,我即将离开意大利,也意味着我与此地将进行或漫长或短暂的告别。我意识到我可能在第二年夏天会回到罗马,也有可能很多年后才能回来。在第二年春天的时候,乔瓦尼·特里亚到访哥伦比亚大学时告诉我,罗马第二大学将于来年开学,他们有意邀请我去那所大学进行访问。而负责筹建经济学系的路易吉·帕加内托也证实了此次邀请。他开车把我带到了后来成为罗马第二大学校址的地方,带我穿过尘土飞扬的地基,并介绍我认识了校长恩里科·加拉奇。

我和薇薇安娜举办了一场盛大的派对,向许多罗马的朋友告别:斯基亚帕和科斯托里斯夫妇、路易吉·斯帕文塔和克莱尔夫妇、斯蒂法诺·米科西和达妮埃拉夫妇、路易吉·帕加内托和斯特凡尼娅夫妇、马尔切洛·代·希丘斯和朱莉娅夫妇,以及其他许多朋友。派对即将进入尾声,希丘斯弹起了他的吉他,还邀请我一起唱《今夜无人入睡》。斯基亚帕把我拉到一边，告诉我为什么他认为欧元对意大利来说是天赐之物。几十年来，意大利一直饱受通货膨胀的困扰。（一些支持者认为，欧元会将投资从低回报率经济体转移到高回报率经济体，这可能会对意大利产生不利影响。）

1985年10月离开意大利银行后，我开始在欧洲大学学院（位于佛罗伦萨山丘之上的菲耶索莱）进行为期一年的访问，这里对社会科学学者来说可谓是学术圈的香格里拉。在这里，我很快又回到了研究美国如何导致欧洲经济衰退的课题上。为此，我与让-保罗·菲图西进行了多次交流。菲图西当时经常在那里出现，他还在巴黎政治学院任教并指导姊妹机构法国经济形势观察所。我是在夏季访问欧洲大学学院时结识了他。

在进一步思考我和西德尼·温特于1969年撰写的关于"客户市场"的论文后，我开始意识到里根政府的减税政策给欧洲带来了巨大冲击：一方面，其提高了欧洲企业所面对的实际利率；另一方面，美元升值抬高了美国竞争对手的价格（以欧元计价）。这两方面因素导致许多欧洲企业提高了加成率（提高售价与成本之间的差额），从而减少了产出和就业。在我和菲图西于1986年6月在布鲁金斯会议上发表的论文中，我们提出了以下论点：

美国的政策冲击对欧洲客户市场的价格加成率、投资产品产出的实际价格和资本需求都产生了影响。这些影响反过来又对欧洲的就业产生了严重冲击……企业预期的实际利率可能是主要的渠道……1981—1982年前后，实际利率在美国和欧洲都达到了创纪录的水平……这在很大程度上归因于美国的财政刺激政策，尤其是新的投资补贴政策……我们认为，实际利率和预期实际利率的急剧上升，导致欧洲企业扩大了加价幅度，因为这增加了通过限制或降低当前价格、牺牲当前现金流来投资扩大或保持市场份额的机会成本。由于没有重要的需求刺激来抵消它，价格推动的结果就是欧洲的就业率下降。[16]

在接下来的1986—1987学年中，我和菲图西共同努力工作，并且满怀热情地撰写了一本书——《欧洲的经济衰退》。该书最终在1988年由牛津的一家小型出版公司布莱克威尔出版发行。虽然这本书并未引起广泛的关注，但其论点逐渐为宏观经济学家所接受和理解。更重要的是，菲图西和我成为挚友，这种深厚的友谊一直持续到2022年4月15日他突然离世。我和薇薇安娜每年都会去巴黎拜访他，我们不是亲人但胜似亲人。

作为经济理论家，我又迈出了重要的一步。在为凯恩斯理论提供了一些微观基础之后，我迈出了非凯恩斯主义的一步，我并没有彻底摒弃凯恩斯-希克斯-托宾的理论。

最重要的是，在20世纪80年代结束之前，我提出了一个令人惊讶的观点，也重拾了作为经济理论家的信心。在离开中国广州会议场所的巴士上，我注意到阿马蒂亚·森独自一人坐在那里。我们聊了起来，他问了我最近的研究情况。我告诉他，有一段时间我一直担心长期沉浸在课本里之后，很难有新的想法。阿马蒂亚·森大笑道："只有你才会这么想！"

事实上，我已经在思考另一个新想法：如果说非货币因素（如税率）和实际价格（如实际利率）在推动欧洲失业率上升方面发挥了作用，那么是否会有一系列更广泛的实际力量和实际渠道在起作用，导致失业率上升或下降呢？我发现自己提出了一个新的假设，即结构性衰退。

第六章

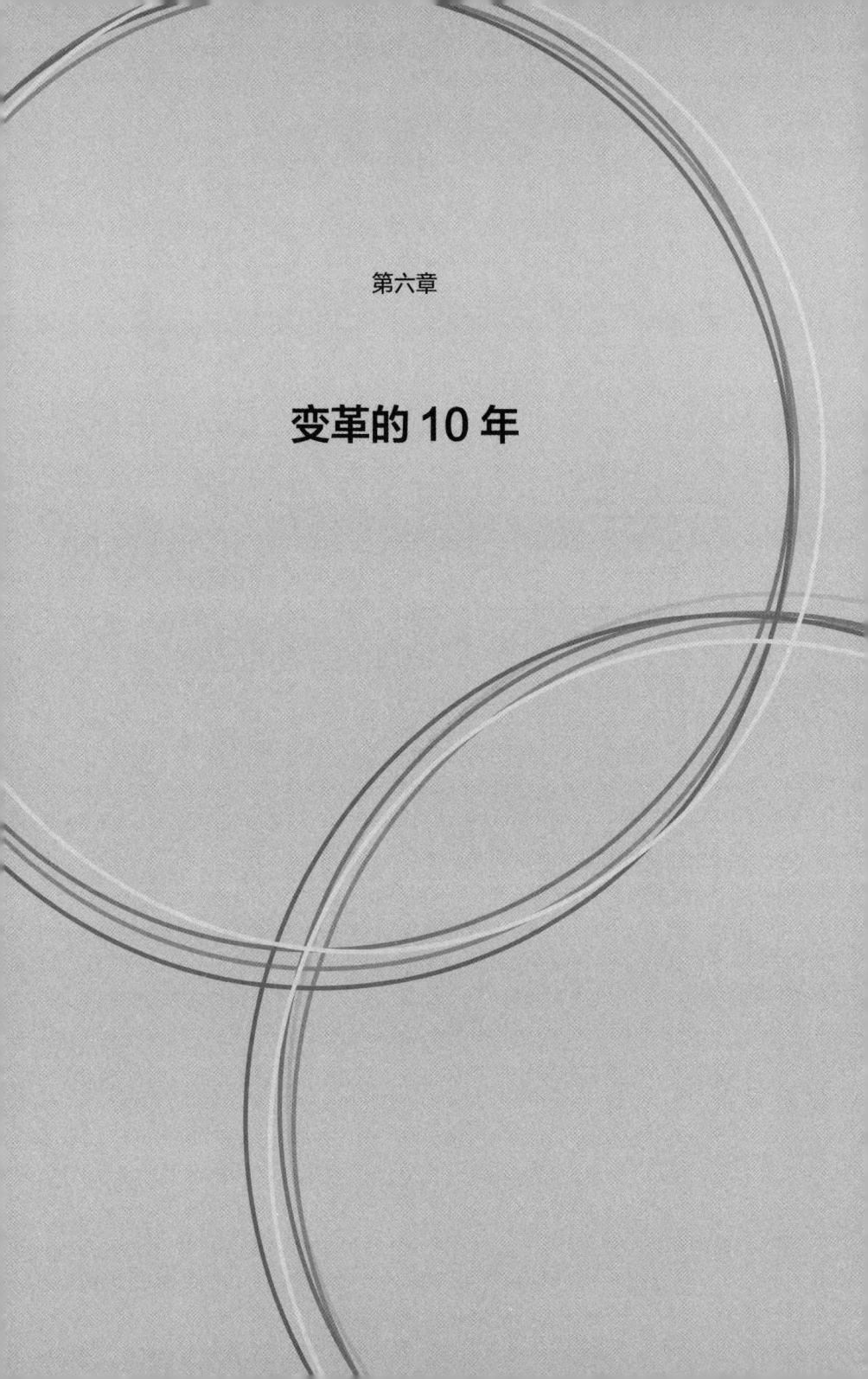

变革的 10 年

20世纪90年代是受欢迎的10年，既充满挑战又富有建设性。苏联的解体，使美苏冷战结束，也为东欧大部分地区带来了颠覆性改革。信息技术革命和互联网时代的到来让人们满怀希望地认为：这些进步将使西方恢复快速增长，即进入全要素生产率增长的时代。欧洲持续的经济萧条警示我们，我们对失业决定因素的理解可能还不够深入。而最弱势群体的工资持续处于低水平，这不免让我们思考是否可以采取一些措施来解决这个问题。

东欧经济转型

东欧的骤变始于1989年8月前后的波兰、匈牙利和捷克斯洛伐克；随后在东德，柏林墙于1989年11月轰然倒塌；在1991年苏联解体后，俄罗斯逐渐崛起为一个更接近市场经济的民主国家，这构成了经济史上最重要的发展之一。对我这样一个在美国长大和工作的经济学家来说，这是我所见过的最令人兴奋的政治经济变革。杜鲁门政府时期的财政盈余，尼克松政府时期的脱离金本位制以及里根政府时期的减税政策也许是美国的重要时刻。

当时的我还不曾想象日后的自己会在此类事件的发展中扮演某个角色，尽管这个角色的作用和价值可能微乎其微。1990年7月，一群来自西方国家的领导人在得克萨斯州的休斯敦举行会晤。他们呼吁国际货币基金组织、总部位于巴黎的经济合作与发展组织、世界银行以及新成立的欧洲复兴开发银行这4家国际机构组建专家团队，从而与积极参与俄罗斯国家经济重组的人员会面。应欧洲复兴开发银行首任行长贾克·阿达利的要求，让-保罗·菲图西和他招募的人员——肯尼斯·阿罗、约翰·弗莱明、菲利普·阿吉翁以及我，在9月组成了新银行代表团并前往莫斯科。我永远也忘不了登上从纽约肯尼迪机场飞往莫斯科的直飞航班时的激动心情。

听俄罗斯人谈论正在制订的计划，并感受他们身上的活力，这是一件十分令人着迷的事情。在一次会议上，其中一位俄罗斯人向我们铿锵有力地讲述了他的目标以及他认为需要克服的障碍，给我们留下了深刻印象。阿罗感叹道："现在我们可以想象到，推翻沙皇的革命者多么了不起。"虽然俄罗斯的经济重组正在规划中，但俄罗斯人的大部分生活仍然如常。在晚上休息的时候，我们去莫斯科大剧院观看了一场穆索尔斯基的精彩歌剧《鲍里斯·戈都诺夫》，这是阿罗最喜欢的歌剧。最终，我们向欧洲复兴开发银行提交的报告被合并到一份更大的报告中，该报告随后被提交给了乔治·赫伯特·沃克·布什总统和其他推动该倡议的国家元首。

1990年秋，我们工作小组的大部分成员都投身于新成立的欧洲复兴开发银行科学委员会，该委员会还新增了雅诺什·科尔奈、阿萨·林德贝克、路易吉·斯帕文塔和克里斯蒂安·冯·魏茨泽克等成员。我和阿罗应邀撰写了一篇阐述在充分的再分配和竞争条件下，资本主义经济体制对一个国家的益处的论文。这篇论文是欧洲复兴开发银行为响应七国集团政府要求，对苏联经济进行的联合研究的一部分，并计划于1991年2月发表。[1]

我们的论文以下面的观点开篇："每个经济体……都是一个在影响经济资源配置的决策制定者之间传递信息的系统"，这一观点深受阿罗的赞同，也足以满足我们的研究目的。然而，对19世纪初英国和19世纪中叶美国的资本主义经济来说，这一描述过于狭隘。[2]我们首先讨论了市场化的作用，也就是市场经济的范畴,包括产权和改革者所称的价格自由化(这引发了垄断问题)。(苏联的沙塔林计划设想"70%的经济从中央政府的控制中解放出来,并接受市场的约束"[3]。)

接着,我们谈到了"私有化需得到适当监管"的重要性。我们写道:"苏联人似乎毫不怀疑小企业私有制的好处。我们可以相信苏联经济学家的一种观点,即公寓、卡车或餐馆等财产如果掌握在私人所有者手中,会得到更好的管理和经营,因为私人所有者需要自己承担经营不善的后果。"[4]然而,我们在文中继续写道:"人们似乎并不认为,将企业所有权交给某个私人所有者或私人所有者联盟的股份集团就有效控制而言在理论上有什么优势。"[5]

当然,尽管并未明言,但这些观点都指向资本主义。我曾经读过路德维希·冯·米塞斯在其1922年出版的《社会主义》一书中对资本主义替代方案的精彩而机智的抨击,也读过弗里德里希·哈耶克在其1944年出版的《通往奴役之路》一书中对社团主义的严肃批判。我当时毫不犹豫地呼吁东欧经济采用资本主义组织形式。我曾经对阿罗的观点有些担忧,但事实证明我多虑了。虽然我和他在税收促进经济正义的问题和利他主义方面有些分歧,但我们在资本主义问题上达成了共识——赞成"适当监管"和适当征税。

对资本主义的思考成了我下一学年的主要任务。1992年8月，我在欧洲复兴开发银行的新总部担任了一年的顾问，主要负责为新成立的经济部门撰写年度报告，该部门由牛津大学经济学家约翰·弗莱明领导。我的主要职责是撰写一篇关于东欧经济体制转型的论文。我原以为银行的所有人都愿意帮助东欧人民了解将其国家经济体制转变为运行良好的资本主义的益处，但也许并不是所有人都知道所有的标准论点。人们在资本主义的定义上，甚至都没有达成共识。

莱谢克·巴尔采罗维奇是一位将资本主义元素引入波兰经济的杰出人物。在某次与他的交谈中，我问他："你认为资本主义的核心是什么？"他感叹道："资本就是王！"我想他的意思是，在资本主义体制下，资本提供者选择企业，投资于创新和扩张，从而在某种意义上确定经济的方向（即在因风偏离航向的情况下起到指南针的作用）。这在某种意义上是正确的，尽管资本所有者只有在迎合消费者需求的情况下才能取得成功。然而，我们可以清楚地认识到，我们不可能也没有必要详细说明被称为资本主义的经济体中的所有力量、活动和联系。在某种程度上，巴尔采罗维奇用他的热情洋溢展现了一个蓬勃发展的资本主义经济的活力和热情。马克斯·韦伯在《新教伦理与资本主义精神》一书中提及的"精神"似乎更为低调，但韦伯也知道，资本主义经济的成功，即使是最基本的成功（如赶上熊彼特式的机遇），也需要参与者的"热情"（借用古斯塔夫·卡塞尔的术语）。

我历时一年多为欧洲复兴开发银行撰写了这篇论文，听取了很多人的意见和建议，并最终于1993年8月离开银行回美国前不久完成。后来，故事的发展却出乎意料。我回到纽约一段时间后，在拉塞尔·塞奇基金会休假，这时约翰·弗莱明从银行打电话给我，说正在召开会议，权衡是否要承认首份年度报告中各篇报告所做出的贡献。副行长主张从报告中删去我的报告，理由是银行不应该对资本主义持任何立场。在我表达了我的愤慨之后，同样感到不满的弗莱明想出了一个主意，即把我的报告作为年度报告的附录，尽管这样的安排毫无意义。[6]我还是同意了，然后银行委员会也批准了对我的报告进行位置调整。这次意想不到的事态发展让我不禁怀疑，欧洲大陆的政治经济学观念是否远比我想象的要多元化。

离开伦敦这一世外桃源非常艰难，甚至比1966年8月时还要艰难。在伦敦时，我和薇薇安娜住在南肯辛顿，我经常在昂斯洛广场的公园里慢跑；有时我们去哈罗德百货公司购物，在附近的比萨店和现已关门许久的豪华餐厅享受美食。约翰·弗莱明和他的妻子邀请我们去牛津，午餐后，我们用了几个小时和经济学家伊恩·利特尔一起散步。利特尔为人谦逊，是一位富有洞察力的经济学家，也是在第二次世界大战中击退德国的喷火式战斗机和自转旋翼机的几个飞行员之一（温斯顿·丘吉尔曾这样评价这些飞行员："从来没有这么少的人对这么多的人做出过这么大的贡献。"）7月26日，在我60岁生日那天，薇薇安娜在多尔切斯特为我组织了一次小型晚宴。当我们和客人们在阳台上欣赏雨后日落时，一道壮丽的彩虹横跨海德公园。我不禁在想：虽然生活格外美好，但也许最好的时刻还没有到来。

失业率背后的结构性机制

随着20世纪90年代的临近，我又被宏观经济学吸引。吸引我的不仅仅是"欧洲的经济衰退"，它既不能用凯恩斯-希克斯的封闭经济模型来解释，也不能用凯恩斯主义的蒙代尔-弗莱明开放经济模型来解释。[7]我感觉到，存在一个有着非货币力量的世界，即结构性的转变和实际状况的变化表现在失业率的演化路径上，而不是反映在总需求上。我认为是时候拓宽我们看待宏观经济活动的视角了。

我从未质疑过，现在也依然坚信凯恩斯理论中的伟大真理：正如罗马人所说，在其他条件保持不变的情况下，总需求的减少会引起失业率升高，而总需求的增加会使失业率降低。我不仅从没有否认过凯恩斯理论的合理性，还为其贡献了微观理论基础：当总需求下降时，如果不知道竞争对手是否会减少工资，一般企业就不会冒险削减工资标准，我们后来把这种情况称作"不完美信息"。（凯恩斯只是强调了货币工资的向下"黏性"和货币价格的向上"黏性"。[8]）如果说我不赞成其中的一些政策提议，部分原因是这些提议能够刺激"需求"，那么这并不是说我对需求不足的可能性持怀疑态度。（凯恩斯似乎对支持者试图以凯恩斯主义为依据进行辩护的政策提议感到不安，因为这些提议并未得到他本人的赞同。在他生命的最后几个月里，他在1946年6月的《经济学杂志》上写道："现代主义的东西出了问题，并且变得酸腐、愚蠢。"[9]）

在整个20世纪70年代和80年代，我一直将我的微观-宏观研究视为我的巅峰之作，这也是我当时最重要的一篇论文。（我与西德尼·温特合作撰写的关于客户市场的论文，以及与罗伯特·波拉克合作撰写的关于优化储蓄的论文从20世纪60年代开始也变得颇为重要。）但无论它们有多重要，其创作过程都不需要大量的理论想象力，即真正的创造力。它们对一个国家的经济提出了一些新观点和见解，这十分令人欣慰。但是，它们并没有提出新的国家经济大图景，例如里昂·瓦尔拉斯、欧根·冯·伯姆-巴韦尔克、约瑟夫·熊彼特、克努特·维克塞尔、弗兰克·奈特、弗兰克·拉姆齐和凯恩斯等人所构想的国家经济大图景。经济学家过去常常构思一个新的经济观点，以补充或取代已有的一些观点。（我想补充的是，以上所提到的经济学家并非历史人物——我的老师威廉·费尔纳曾深入研究过伯姆-巴韦尔克的理论，我的朋友保罗·萨缪尔森是熊彼特的学生，还有了解我和我的作品的乔治·斯蒂格勒则是奈特的学生。）

然而，在20世纪90年代初，我提出了与凯恩斯主义观点相对立的结构主义观点，并相信人们可以同时接受这两种观点。这似乎标志着我在理论上迈出了相当大的一步。20世纪80年代欧洲的衰退是一种非凯恩斯主义的经济衰退，这让我想到除了凯恩斯主义中的总需求，可能还有其他因素影响失业率，比如希克斯的IS-LM模型中的力量。在一些非货币模型中（尽管不是在凯恩斯模型中）出现的力量，也可能会改变"均衡失业水平"（自然失业率水平），即均衡路径或"正确预期"路径所要达到的水平（如果没有其他结构性力量使其偏离该路径）。

我对于模型的第一次尝试是为纪念约翰·希克斯爵士在奥尔堡会议上发表的一篇论文。[10] 文中提到，在两部门模型中，资本品的实际价格是失业率的另一个决定因素。我与西德尼·温特为微观基础会议合作撰写的关于客户市场经济的论文中介绍的溢价是决定失业率的另一个因素。

当然，很多问题有待深入研究。我有幸说服了哥伦比亚大学的三位博士生和我以前的学生来帮忙：云天德帮助我建立费尔普斯-温特模型之外的建模型，乔治·T.卡纳吉尼斯完成了进一步的建模工作，吉尔维·索伊加帮助我进行了一些实质性的统计测试。[11] 逐渐地，我们把注意力集中在撰写一部能综合概述我们工作的专著上。

1990—1994年，我与团队一起致力于开发就业率的非货币模型，并对其含义进行了统计和检验。我还就这些含义和检验结果撰写了一部专著。这本书为《结构性衰退》，由哈佛大学出版社出版，编辑迈克尔·阿伦森和一位出色的文字编辑凯特·施密特为这本书的出版提供了很大帮助。

我对《结构性衰退》这本书的热情很直观地体现在精简和改写的序言中。

失业率的某些短期和长期波动是一种均衡现象……而不是由形势判断错误或预测失误引发的工资和价格失调问题。在失业的均衡路径背后，一些诸如辞职或怠工倾向、懒惰的滞后影响、内部人-外部人关系、福利补贴、寻租集团、金融市场中的资产与负债因素以及社会的基本结构等非货币因素通过非货币机制发挥作用……现有的理论框架无法为这些问题提供一个有效的跨期一般均衡理论……

本书提出了一种新范式……失业率的均衡路径总是接近于自然失业率……但又增加了一些内容：自然失业率可以变动！……自然失业率可被视为经济系统真实结构的一个函数……该分析旨在确定自然失业率如何取决于这一结构，包括真实部门需求、要素供给和技术、税率、补贴和关税。[12]

理论模型

《结构性衰退》一书的核心理论提出了典型发达经济体的三个简单但完整的模型。其中，第一个模型如我刚开始提出的模型一样，是围绕劳动力市场的转换培训或激励工资模型建立的，然后用"跨期"重新阐述，并用产品市场和资本市场的标准处理方法进行了完善。[13]其中一项主要发现表明，"对劳动力的派生需求不仅会随着生产率的提高而上升……而且会随着实际利息成本的降低而上升"[14]。此外，该解释还包括：

在所谓的需求悖论中,……对消费品产出的需求增加……并不能诱使企业雇用更多员工;由此提高实际利率 r 和降低相关实际资产价格 q,需要消除过剩的消费需求,产生了一种逆向效应,即削减对新员工的投资,从而增加均衡失业率,并最终导致产出和消费缩减。此外,"直升机式空投公共债务"这样的"公共债务刺激"调控可以使消费者感觉更富有,但这实际上会推高实际利率,从而导致总失业率上升。[15]

通过对这一模型的讨论,我们最后指出:"短期内,刺激需求的财政政策可能会在经过本文探讨的结构性渠道转变为单一方向的净紧缩力量之前,通过凯恩斯主义渠道带来就业增加和产出扩张。"[16]

第二个一般均衡模型是围绕费尔普斯-温特的产品市场模型建立的,它与卡尔沃-鲍尔斯的劳动力市场的怠工模型和布兰查得-亚里的资本市场模型相结合,形成了另一个一般均衡框架。[17]尽管这个模型相当复杂,但我们还是可以获得一些分析工具。消费品的一般均衡产出和资产价格是由供给和需求决定的,可以这么说,需求价格曲线(公司对每个消费者的赋值)与边际供给价格曲线的交点决定了消费者影子价格必须有多高才能达到既定的总产出。[18]借助这个工具，我们可以确定冲击的影响。我们可以看出，"总需求的增加会通过股票实际价格的下跌带来实际利率的上升……此外，这种影响使需求价格低于供给价格（之前与之相等）。根据我们的弹性条件，这一差距只能通过减少产出来弥补"[19]。关于这一模型的最后一个小节讨论了供给冲击。

这组工作模型中的第三个模型是一个两部门固定投资模型。在这个模型中，生产消费品和资本品都需要劳动力——生产消费品需要资本，而生产资本品不需要。这一特点让人联想到奥地利学派领袖欧根·冯·伯姆-巴韦尔克提出的资本理论（工人辛勤种植葡萄，葡萄酿造出美酒）。

在使用标准相图对模型的动态进行分析后，我们研究了冲击对该经济体的影响，即"凯恩斯难题"。假设经济一直处于某种稳定状态或稳定增长状态，我们就可以解释在发生根本性转变的情况下，未来的时间路径是如何变化的。

一些与消费相关的早期问题依然存在。例如，如果政府通过"直升机式空投"的方式增加政府债券，提高了公共债务水平 D，模型会发生何种变化？分析表明，资本货物的价格 q 会立即下降，随后资本存量 K 也会下降，当逐渐接近新的静止点时，q（在立即下降的基础上）继续下降。q 的下降使衍生的劳动力需求下调（影响远超任何使其上升的力量），进而使企业愿意提供的资本货物的产出量产生寒蝉效应，这反过来又减少了劳动力需求，从而降低了该行业的就业率和整个经济的工资率。[20]

《结构性衰退》一书也提出了一些投资相关的问题：如果衡量当前劳动力增长水平 $\varLambda$ 的指数增长率的参数 λ 突然增加，表示更光明的未来很快就会被纳入预期，那么会发生什么情况？分析表明，在当前，资本货物的价格 q 在 λ 增加时会突然下降。"q 的下降对就业的近期影响是收缩性的……稳定状态下的 q 也明显下降，甚至比冲击后的 q 还要低"，因为资本存量 K 无法跟上 $\varLambda$ 的更快速的增长。[21] 在过去的 40 多年里，西方见证了相反的情况：当 $\varLambda$ 在 20 世纪 70 年代的增长放缓到接近停滞时，K 相对 $\varLambda$ 的增长却很容易，直到接近资本饱和。

我继续分析并指出，在我们正在讨论的模型中，"消费品支出的意外增加在推高实际利率的同时，也会导致资本货物的实际价格的暴跌，从而使自然就业水平和实际工资都大幅下降……而用于资本货物产业产出的公共支出增加，会导致实际资产价格上升，（令人惊讶的是）实际利率下降，从而使就业率和实际工资大幅上升"[22]。

在这两个例子中，凯恩斯理论只在资本货物支出方面与结构主义理论一致，而在消费品支出方面并未与其达成共识。我在书中回忆道："20世纪30年代初，凯恩斯曾提议建设公共工程项目，将其作为在英国经济大萧条时期拉动就业的最佳或次佳途径。后来，在《就业、利息和货币通论》中……他的全部重点都放在了总需求上。"[23]另外，哈耶克认为，增加消费支出会造成经济紧缩，而不是扩张。但他犯了以偏概全的错误，因为他似乎认为所有的财政刺激措施都是无效的。[24]因此，凯恩斯和哈耶克都没有从结构主义理论的角度得出完全正确的结论。

我在这里介绍的三个现代模型都代表一种单一而独特的资产，然后它们被整合成一个类似于实体经济的多资产经济的单一经济模型。这个综合模型由9个方程中的9个变量组成。正确的解决方法，即预期的均衡路径是正确的，决定了 r、u、v、三个 q 和三个状态变量。由于这个结构主义模型具有实际应用价值，因此它可以用来预测各种冲击或情况的后果。

剩下的步骤是通过固定资本投资、客户投资和员工投资，将综合模型的经济体与"国际关系"联系起来的。完成后，我们就可以估算模型中因果变量的统计显著性和经济重要性：失业方程（包含实际利率）和实际利率方程。

这只是一个理论。我们还需要知道这种结构主义理论在解释经济大萧条和繁荣方面是否与凯恩斯理论具有同样或更强的能力，这一新理论能否像凯恩斯理论一样或更好地解释经济现象。因此，我们面临的挑战是"对新框架进行实证检验"[25]。

统计结果

我们的计量经济学模型的统计估算能够表明"结构主义理论的潜在因果力量在何种程度上影响了所研究的国家的失业率"[26]。最值得关注的是这一新理论对开放经济体中的实际利率和资产实际价格的影响——这些影响并不大，但它们对世界实际利率等变量有很大影响。[27]

有了方程组之后，我们就开始研究失业方程，更准确地说，这是根据上一年的失业率预测当年失业率的方程。统计分析估计，一个国家公共支出的增加和减税措施有助于降低失业率，而其资本存量和税收的增加会提高失业率。这一结论或多或少与凯恩斯理论的预测相符。[28]（石油价格曾一度占据主导地位，随后这种影响力逐渐减弱，公共债务占据了主导地位，当然，这两者都不是凯恩斯主义的工具。）在其他条件不变的情况下，据估计，增加公共支出和减税措施会对降低失业率产生直接影响，这也是我们根据凯恩斯主义推断出来的。

然而，事实更为复杂。尽管据估计，凯恩斯主义的两种工具的直接影响是降低失业率，但同一统计研究发现，这两种工具因影响实际利率而间接影响了失业率：刺激措施会提高实际利率，而实际利率又会导致失业率上升。当然，在一个小型经济体中，实际利率在很大程度上是由世界上其他地区的现行利率决定的。在一个足够大的经济体中，其实际利率可能会上升或下降，这些间接影响可能会抵消直接影响，甚至超过直接影响。（这一新理论的另一部分是后来发展起来的，讨论了"实际汇率和加价的行为"[29]。）

正如《结构性衰退》一书中所解释的："在同样的条件下，公共支出和公共债务的全国性增长在国外并不具有扩张性，这与采用浮动汇率制的蒙代尔-弗莱明模型相反。为谨慎起见，我们需要暂时搁置凯恩斯主义方法，转而采用结构主义方法。"[30] 因此，在这一更为全面的分析中，凯恩斯主义工具的力量被大大削弱，在极端情况下甚至消失殆尽，而结构主义力量得以崭露头角。我们的计量经济学分析在庆贺声中走向尾声。正如我们在书中所写的："回顾前面所取得的成果，我们自然会感到相当满意。"[31]

这些新的理论发现解释了 20 世纪 50 年代末至 80 年代末的宏观经济的发展："公共债务的增长……全球公共支出水平

的显著增长，以及世界实际利率的增长……这些冲击推动了均衡失业率的大幅上升。"[32]

《结构性衰退》一书的反响

对于《结构性衰退》中的理论，人们的反响如何？芬兰著名经济学家、风险资本家兼艺术收藏家彭蒂·库里（既是马里奥·德拉吉的密友，又是乔治·索罗斯的金融合作伙伴，并且备受敬仰）对该书做了如下评论："它无疑是对宏观经济理论的一次全面重述，为第二代新古典主义和主流凯恩斯主义范式提供了另一种新颖而合理的替代方案。"[33] 同样地，迈克尔·伍德福德也对该书评价颇高，他认为这本书"大胆地尝试了一种迄今为止的研究中所缺乏的综合处理方法……劳动力市场和产品市场不完善的新微观经济模型被置于中心位置……这本书在展示如何将这些不同的局部分析结合到一个单一、连贯的模型中，并且形成一个完整的动态一般均衡（最终是一个多国模型）方面，取得了相当大的新进展……这个项目相当宏大，这本书值得被广泛阅读和讨论。"[34]

事实上，针对《结构性衰退》的反对意见并不多，更多的是抵制。我曾参加了在马萨诸塞州剑桥市举办的美国国家经济研究所半年度的研究会议，午餐会上的发言人谈到了最近出版的《结构性衰退》，他对其持相当肯定的态度。但在讨论中，一些经济学家对其提出了质疑，甚至发表了含有敌意的评论。最后，发言人回答说："拜托，各位！你们到底想怎样？"这不免让提出敌对意见的经济学家们感到羞愧。这件事反映了人们不愿接受新事物、新想法。

这本书在宏观经济学领域引起了关注。这在一定程度上要归功于迈克尔·伍德福德的评论。这本书还获得了《纽约时报》和《经济学人》的积极评价。[35] 但可惜的是，忙于搜集和分析数据的经济政策制定者并没有考虑到《结构性衰退》一书中揭示的改变失业路径的结构性力量，甚至也没有考虑到费尔普斯-弗里德曼提出的自然（或均衡）失业率的概念。

如果说结构性失业从未被完全纳入标准思维，那么部分原因可能是该理论的某些驱动因素已失去动力。例如，与20世纪60年代和70年代的利率相比，世界实际利率在20世纪80年代之后并没有保持在高位。（实际利率在20世纪80年代达到顶峰，然后又回到20世纪60年代的水平或更低的水平。）因此，经济学家可能对实际利率失去了兴趣。如果将一个国家增长率的主要驱动因素，也就是全要素生产率的增长率（通常用 λ 表示）纳入分析，这项研究可能会引起更多的关注。然而,《结构性衰退》的研究成果之所以不受关注,原因可能在于整个经济学界都不愿意承担掌握和吸收新的研究成果所需的成本。

回顾过去,我感到庆幸的是,我首先为凯恩斯失业模型提供了微观经济基础,引入了工资和价格预期(导致自然失业率),其次为更广泛的失业路径模型奠定了非货币(结构性)的基础:一个影响自然失业率的力量的模型。这些步骤固然重要,但在我看来,它们并不能被视为经济理论中的颠覆性创新。

我还想说,这些进步(我们的理论认为受经济衰退影响的企业在决定自己的工资率时形成了对其他企业工资率的变化率的预期,以及自然失业率的结构性变化)虽然展现出了一定的创造性,但并不具有深刻的想象力。大多数经济学家在遇到凯恩斯的"黏性"问题时,或在思考自然增长率是否不会发生变化时,迟早会提出类似于我提出的微观-宏观假设的理论。(当时的经济学家并不关心人类拥有自主性或能动性的概念。)

在20世纪90年代的后半期,我在思考,我是否有幸进入一个与过去的研究截然不同且需要比以前展现出更深层次的创造力的领域。在思考这个问题的同时,我抽出一些时间写了一部短篇作品。

有益的工作：对罗尔斯理论的补充

贝蒂·弗里丹在 1963 年出版的《女性的奥秘》一书中描写了 20 世纪 50 年代和 60 年代美国女性在追求职业中面临的障碍以及引发的广泛不满情绪，这种情绪最终促使女性加入了劳动大军，并不断在职场中争取更高的职位。20 世纪 60 年代中后期，美国黑人对社会的不满情绪日益加剧，最终引发了骚乱。1968 年的克纳委员会的报告将这一现象归于白人种族主义。尽管如此，这些社会动荡最终还是促使相当数量的黑人在职场担任更高的职位，并进入了以前不被允许涉足的行业和职业领域。然而，对那些经济上处于严重劣势的就业者来说，只有微薄收入的问题仍有待全面解决。

20 世纪 90 年代中期，随着撰写《结构性衰退》的工作结束，这些担忧促使我开始思考政府可以采取哪些措施来提高底层民众的税后工资水平。我记得大约在 1990 年，我乘船沿着哈得孙河前往位于哈得孙河畔安南戴尔的巴德学院参加一个会议。我在会议上阐述了自己的想法。当时，人们非常关注如何提高极低收入群体的工资水平。的确，美国实行的低收入家庭福利优惠政策是一项很好的规定，这项规定由路易斯安那州的参议员拉塞尔·朗提出，并于 1975 年纳入法律。它在提高税后最低工资率方面起到了重要作用，在就业方面为劳动年龄人口提供了更多、更广泛的选择。这让他们更愿意选择就业而非成为自由职业者。然而，低收入家庭福利优惠政策在确保弱势群体过上体面的生活方面显然做得还不够。

我注意到关于这一政策的讨论仅仅集中在薪酬上，而完全没有涉及工作本身。公共政策应该解决工作本身以及工资这些重要的问题。如果社会上多数劳动年龄人口在健康的经济环境中并不能意识到工作还能为人们提供非物质报酬，那么这个社会将无法良好地发展。因此，经济政策必须确保为社会底层人群提供足够高的工资，以吸引他们获取工作体验并获得收入。

我的著作《有益的工作》由哈佛大学出版社于1997年出版，该书讨论了工资和工作，并提出了以下两个观点。

第一个观点是独立自主的价值。人们能够从自给自足和为有需要的人（比如自己的孩子、年迈的父母或其他有义务帮助的人）提供帮助中获得满足感。我写道："当工作带来的物质回报丰厚到足够使一个人自食其力时，即人们通过自己的努力赢得享受舒适生活的机会，拥有一个家庭，并在一定程度上参与社会生活，它就变得非常重要。没有什么比需要他人提供物质支持更能伤害一个人的自尊了。"[36] 例如，查尔斯·狄更斯一生都在为其父亲无法维持生计而苦恼，他父亲时常需要依赖他来维持生活。

第二个观点是（根据个人选择）参与社会经济工作的价值。采取措施将劳动年龄人口从经济之外的赚钱活动中拉到经济之内的就业岗位，可以使这些人获得丰厚的回报。这就是托斯丹·范伯伦、威廉·詹姆斯、阿尔弗雷德·马歇尔和威廉·朱利叶斯·威尔逊所推崇的工作的回报。（后来我发现，索伦·克尔凯郭尔和弗里德里希·尼采都是这一方面极具影响力的先驱。）从这个角度来看，政府采取措施将工资从低水平提高到能够提供这些回报的水平，将是一项意义深远的行动。正如我在书中提到的：

> 弱势工人的自我实现和社会参与前景非常重要，这不仅仅是收入，甚至是比工资收入更重要的。然而，无论福利制度或家庭的安全网如何有效地避免物质贫困，这些前景都可能非常暗淡。要想拥有这些渴求已久的东西，就必须在社会中占有一席之地，并有所作为。因此，对大多数人来说，这需要在市场经济中占有一席之地——而不是在底层工作或在某人家中做不为人知的家庭工作……许多弱势工人的工作倾向可能非常脆弱或者时有时无……他们

作为雇员的表现不佳，进而让雇主支付给他们的工资变少，从而导致工资的进一步下降，同时失业率也随之上升。[37]

《有益的工作》一书中所关注的问题并不是一般意义上的不平等，甚至也不是中位数收入者与最高收入者之间的不平等；目前看来，这种不平等似乎比底层工人与中产阶层之间的不平等更令人愤怒。我将这一问题总结如下：

> 美国最低收入者的薪酬与中位数收入者的薪酬相差甚远，以至于他们几乎成了一个独立的阶层……这种薪酬差距给贫困社区蒙上了阴影，并对下一代产生了不利的影响……
>
> 对工作价值的贬低使整个社会付出代价……人们远离工作，转向毒品和犯罪……安抚工人阶级的政策所付出的代价……要远大于从根本上解决问题的政策……即提高低收入者的工资。[38]

如何做到这一点？为了实现这一目标，这本书呼吁提供就业补贴，并举例说明如何计算假设补贴的成本。然而，社会福利的益处并不仅限于增加低收入者的收入。这本书的后记指出:"赋予那些收入相对较低的人自食其力的能力……将数百万目前依赖福利、工作福利制、乞讨、沿街兜售和犯罪的生产力较低的人群纳入资本主义主流,以及实施就业补贴计划,有望改善所有人的生活质量。"[39]

20世纪90年代末,学术界掀起了一股关于就业补贴的讨论热潮。值得关注的是2003年拉塞尔·塞奇基金会举行的一次会议,其在会后出版了论文集《包容性设计》。当时,世界上许多国家的政府都在讨论贫困问题。备受尊敬的李光耀担任新加坡政府内阁资政期间,就制订了一项工资补贴计划,该计划在很大程度上源自我在《有益的工作》一书中提出的建议。当然,这本书的成果在很大程度上要归于我以前的学生——经常与我合作的作者云天德,他也提供了技术支持。1997年和1998年的夏天,我在法国经济形势观察所拜访让-保罗·菲图西时,了解到法国政府也采取了一些类似的措施。然而,由于法国采取了其他众多措施,人们很难认为法国已经全面实施了低工资补贴计划。

大约在这个时候,包括在巴黎的经济合作与发展组织办公室成员在内的许多人对就业补贴越来越感兴趣。2001年,经济合作与发展组织召开了一次成员国代表会议,我被安排在开幕式上发言,对成员国实行就业补贴进行论证。我兴奋地看到，英国代表团非常支持就业补贴。当美国代表团发言时，我对于克林顿政府支持就业补贴计划的希望破灭了。他们担心这一计划的立法会影响到许多有年幼子女的妇女所依赖的低收入家庭福利优惠政策。

当然，我对此感到失望，也对克林顿政府在这方面的表现感到不满，尽管比尔·克林顿才华横溢（在接下来的20年里，我与他有过几次会面，他的学识给我留下了深刻印象）。事实上，我对西方绝大多数经济学家拒绝就业补贴的态度感到失望。似乎民众的普遍态度并没有激励政治家采取任何新举措。

这种不作为带来的社会代价是巨大的。在美国和大多数其他西方国家，自20世纪70年代初到新冠疫情大规模暴发期间，不仅政府没有提高低收入人群的收入，而且相对于国民收入，这些人群的收入还呈现稳步下降趋势。

《有益的工作》一书出版后不久，我给罗尔斯打了电话，告诉他我并不认为我可以像他那样把论点建立在经济正义的基础上。我还没来得及继续阐述我所采用的论点，他就惊呼道："你不能这样做！"他还补充说："在这种环境下不能这样做。"他能够理解我的看法，这让我感到如释重负。另一个让我高兴的点是，我把合作盈余的概念（"不同种类的工人合作所产生的收益")与罗尔斯的理论联系在了一起。这些收益如何分配实际上取决于现行的税收、补贴等。[40]

《有益的工作》一书在思想领域也取得了成功。它赢得了美国一些顶尖经济学家和思想领袖的关注。有一天,我和当时已90多岁且在家中工作的萨缪尔森在电话里聊了起来。我们聊到了《有益的工作》这本书,他告诉我,他一直把这本书放在书架上显眼的位置,说"这样很容易就能找到"。

随后,拉塞尔·塞奇基金会在2003年举行了一次会议,包括詹姆斯·赫克曼、云天德、戴尔·莫滕森、克里斯托弗·皮萨里德斯、丹尼斯·斯诺尔等在内的众多该领域的领军人物齐聚一堂。这次会议引入了另一个在《有益的工作》一书中建议为低收入人群提供就业补贴时没有明确说明的新维度:包容性。正如我在会议论文集《包容性设计》的引言中所指出的,在20世纪70年代末和80年代,社会包容性不足的现象日益加剧,这导致了资质较低的工人被边缘化:男性劳动力的参与率持续下降,而其失业率日益增加。[41]

一些评论家指出,包容性不足"只不过是收入不平等的一种表现"[42]。但这种包容性的不足对社会的影响远远超出了收入不平等、工资不平等和普遍不平等的范畴。拥有一份工作并在工作中获得足够的收入以实现独立,这本身就是至关重要的。

如果不能实现这些目标，一个人就会失去本可以获得的知识、信息、成就、个人成长和自尊等。而当一个社区受到这些问题的困扰时，其影响就会延伸到毒品交易和公共安全威胁。正如德里克·博克曾经说过的："然而，我们还在继续谈论……好像收入统计数字以某种有意义的方式反映了这一现象。"[43]

回顾西方国家糟糕的经济经历，令人震惊的是，这些国家的政府不仅未能充分解决经济中弱势群体的微薄收入问题，也未能解决经济增长严重下滑的问题。由于经济增长放缓（至少在一定程度上如此），男性劳动力的参与率持续下降，女性劳动力参与率的增长停滞不前。事实上，许多西欧国家的政府在绕过私人资本和剥夺其特权方面做得一塌糊涂：裁员困难，资助效率低下的公司，增加公共部门就业岗位，干涉私营企业做出更好的决策。这是社团主义的一个关键特征——认为公司和大多数其他私营实体最好由政府控制。欧洲一些国家和美国也不再采取就业补贴、雇佣补贴及类似措施进行干预，而这些措施可以引导市场的一些力量重新获得社会包容性（重新融入社会）。

我在1997年的一篇论文中提出了相反的观点，认为我们所需的政策应该是，欧洲大陆需要解放其企业。然而，正如我当时所写的："仅靠自由企业无法将欧洲大陆的失业率降至20

世纪 70 年代初的水平……也无法在'盎格鲁-撒克逊国家'提升当地所需的低端工作岗位的数量和薪酬水平。另一项改革势在必行，即进行干预，以引导市场力量更好地吸纳低端劳动力。"[44] 我当时得出的结论是，西方"可以重新调整竞争性资本主义，重新追求经济增长和最广泛的机会，从而重塑启蒙运动关于西方可能成为什么样的愿景"[45]。

然而这就足够了吗？尽管这项举措很有必要，但我开始怀疑它的效果能否足够显著。在接下来 10 年中的几年里，我开始意识到，增长的动力和工作满意度的根源取决于更深层次的因素。

第七章

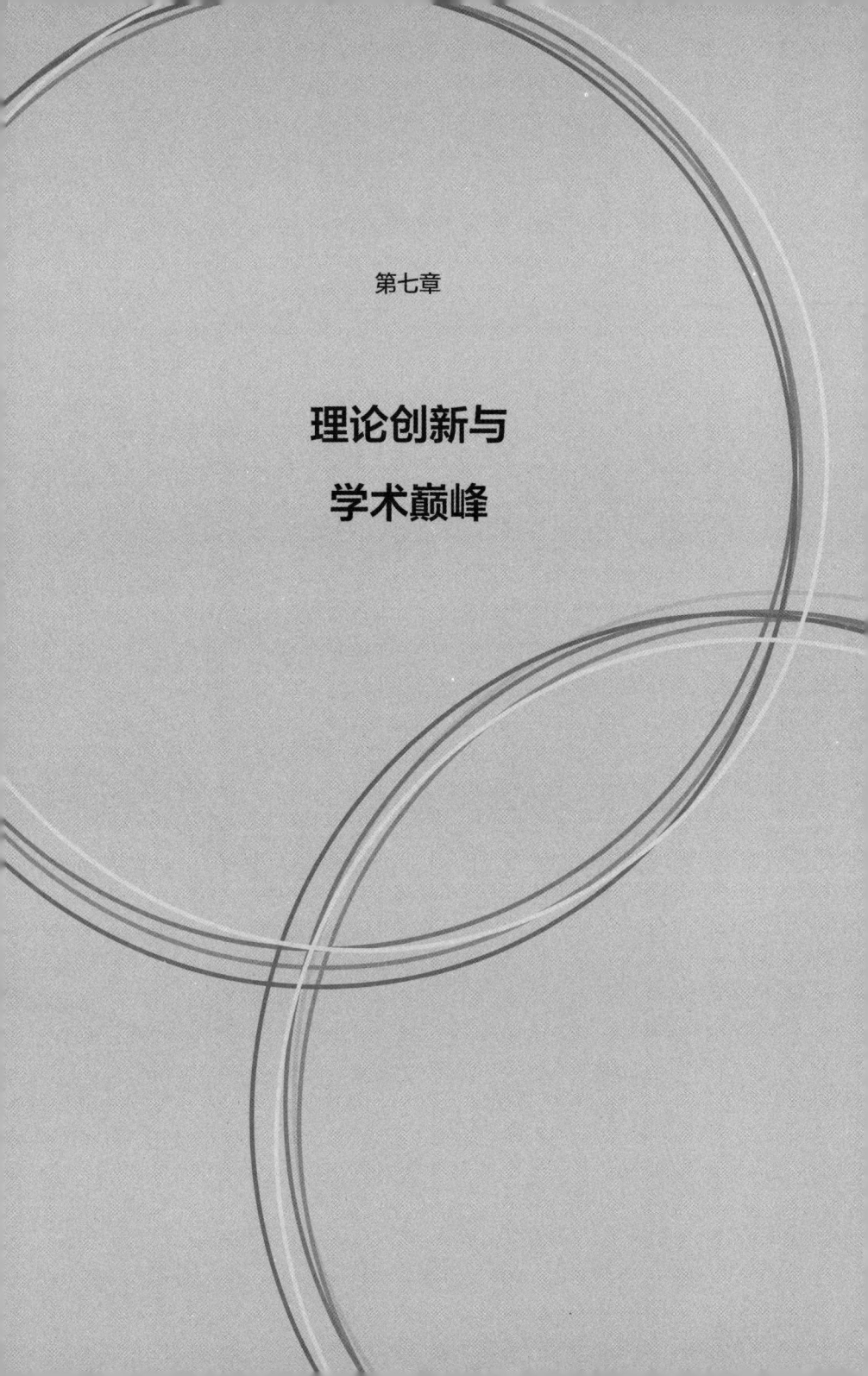

理论创新与学术巅峰

21世纪的到来让人充满希望。在纽约市，大都会歌剧院举办了一场盛大演出，随后又举行了一场晚宴庆祝2001年的到来。当天晚宴结束后，享誉全球的德国男低音歌唱家勒内·帕佩激动地演唱了几首科尔·波特的经典曲目。当他完美收尾时，指挥家詹姆斯·莱文跃身而起，我们也都起立鼓掌。多么了不起的艺术家啊！随后，当我和薇薇安娜走进舞池时，帕佩正在与他的妻子共舞。多么美好的夜晚啊！此时的人们多么希望这样的美好能一直持续下去。

确实，2001年，经济在许多重要方面都呈现好转的迹象。在经历了长期的高水平波动后，失业率已经连续20年呈下降趋势，同时，包括英国在内的欧洲大陆部分地区的经济在经历了20多年的困难时期后也实现了稳步回升。以全要素生产率的增长率来衡量，美国经济在20世纪90年代后半期有所复苏，因此人们希望增长速度能够比20世纪70年代初半停滞时期更快——无论如何,硅谷将继续涌现新产品和新方法。我回想起那些年,在曼哈顿下城的一家餐厅,我与朋友享用晚餐。那家餐厅里的年轻人充满活力,他们中的许多人无疑正在创造着财富。

然而,并非一切都顺风顺水。贸易是双向的。随着亚洲经济体整体上的惊人发展,尤其是韩国和中国,国际贸易的扩大带来了重要的贸易收益——包括西方某些大型出口公司利润率的提高,但也对美国部分行业的工资和就业造成了拖累。(我在教科书《政治经济学》中对这一理论进行了阐述。)近年来,男性劳动力参与率也出现了大幅下降。此外,工作满意度持续下滑,处于收入较低水平的那部分人群的工资几乎停滞不前。

那年,罗曼·弗里德曼提醒我,时光荏苒,再过几年我就将迈入 70 岁的门槛,现在开始准备撰写我的回忆录并不算早。弗里德曼联合菲利普·阿吉翁、约瑟夫·斯蒂格利茨和迈克尔·伍德福德共同筹备会议,寻找会议的发言人,并为随后出版的会议论文集作序。

经济学学术盛宴

我对于会议安排的细节知之甚少。我后来得知,会议将分为 4 个部分，在两天内进行，并且每个部分之后都有杰出人士发表演讲：凯恩斯主义领军人物詹姆斯·托宾、新古典主义领军人物罗伯特·卢卡斯以及增长模型领军人物罗伯特·索洛，预计罗伯特·默顿和约翰·罗尔斯也将参加。然而，我感觉好像缺少一个重要角色——保罗·萨缪尔森。从 1952 年我读他写的教科书以来，他就一直是我崇拜的"神"。阿吉翁迅速行动起来，几天内就告诉我萨缪尔森将会出席会议并作为主讲嘉宾发言，这让我感到非常欣慰。

然后，发生了一件可怕的事情。2001 年 9 月 11 日，两架飞机撞击了位于曼哈顿下城的世界贸易中心双子塔。我永远不会忘记那天，我一大早出门时，薇薇安娜就告诉我其中一座双子塔（该塔是当时纽约的标志性建筑，是纽约人民心中的骄傲）冒出浓烟。这场灾难是可怕和令人痛心的，它造成了巨大的人员伤亡和全国上下的士气低落。同时，这场灾难也引起了恐慌，因为安全问题导致该城市所有商业机场关闭，并禁止人们前往纽约旅行。最终，对世界贸易中心和五角大楼的袭击促使美国采取反恐措施，并导致其对穆斯林群体歧视加剧，对阿富汗和中东的外交政策进入新阶段。

袭击事件发生大约一周后，我拜访了哥伦比亚大学教务长乔纳森·科尔，他为这次重要会议出谋划策，给出了很好的建议。我是取消将于10月举行的会议，还是坚持原计划？乔纳森·科尔认为在其他时间重新安排会议存在困难，并敦促我坚持原计划，于是我遵从了他的建议。后来的某一天，薇薇安娜和我目睹了一架商用飞机沿着哈得孙河飞向拉瓜迪亚机场。一切回归了正常，纽约再次成为一个开放自由的城市。幸运的是，会议如期举行，在"9·11"事件的影响下，只有少数人未能出席此次会议。

在宽敞的大会议室里，超过100名参会者挤满了整个房间，萨缪尔森就站在靠前的位置。我向他表达了感激之情后，我们开始了闲聊。他说："你知道吗？熊彼特并非奥地利籍。"这并不意味着熊彼特未曾到过格拉茨，而是指他并非奥地利学派的成员。我回答道："是的，我知道。"我猜想萨缪尔森是想表达熊彼特的思想（萨缪尔森对此很了解）完全符合新古典主义观点，而奥地利学派的理论没有明显体现新古典主义色彩。随后，我强调熊彼特创新理论的错误之处在于其具备新古典主义元素。突然，萨缪尔森被叫到台上。他的演讲从我接受的经济学教育开始，几乎涵盖了我前10年的理论研究。他继续以他擅长的抒情风格说道：

你可能会说这是毕加索的古典主义时期。我对他的创新非常了解，不仅因为索洛和我参加了同一场自行车马拉松比赛，还因为我经常搭乘费尔普斯提供的便车，他的努力使我受益，让我能够领先其他人……费尔普斯以其简洁的希克斯-丹齐格-德布鲁微观和宏观经济学模型奠定了自己的学术地位：凸集理论和可变微积分。然而，他是否会涉足规模效益递增、信息不对称、块状以及其他所有均衡论家都无法想象到的、不完善的、前景黯淡的领域呢？

答案是肯定的，为了总结我对费尔普斯的赞美，我将引用菲利普·阿吉翁的几句话，他认为"费尔普斯的贡献可以说是一个项目：在宏观经济学中引入了不完美信息和知识、不完美竞争和市场摩擦——我还要补充一句，他也将这些引入了微观经济学。"套用马克斯·普朗克的格言：科学是在一次次葬礼中进步的——费尔普斯和斯蒂格利茨通过合作，解释了无形之手如何以多种方式困扰着斯密、萨伊和卢卡斯。[1]

在会议间隙，罗伯特·蒙代尔向我赞扬萨缪尔森的非凡能力，说他能在会上激发人们的热情。此外，萨缪尔森还公开表扬了我的领导作用，说我将不完美信息和知识引入宏观经济学，这让我感到无比荣幸。

这次会议比我预想的还要令人印象深刻。首日，迈克尔·伍德福德、格里高利·曼昆和吉列尔莫·卡尔沃分别发表了论文，接着是布鲁斯·格林沃尔德和约瑟夫·斯蒂格利茨，然后罗伯特·卢卡斯进行了总体评论。之后是罗曼·弗里德曼、莫迪凯·库尔茨和戴维·莱布森发表论文，并由罗伯特·波拉克进行总体评论。第二天，戴尔·莫滕森发表了第一篇论文，紧接着是克里斯托弗·皮萨里德斯、詹姆斯·赫克曼、菲利普·阿吉翁、达龙·阿西莫格鲁、查尔斯·琼斯和杰斯·本哈比。（纪念文集中收录了罗伯特·索洛提出的一些总体评论，但由于时间限制，他的评论未能发表。）

然而，随后还有更多的研究。在普林斯顿大学 2003 年出版的会议论文集《现代经济学中的知识、信息和预期：向埃德蒙·费尔普斯致敬》的序言中，弗里德曼和他的共同组织者菲利普·阿吉翁、约瑟夫·斯蒂格利茨和迈克尔·伍德福德提到了"费尔普斯宏观经济学计划"，该计划指向我在过去 30 年里从"菲利普斯曲线"到"结构性衰退"的研究对失业和劳动力参与所做出的贡献。序言指出，正如萨缪尔森所引述的，我的主要贡献是"把不完美信息及其相关摩擦和不完全美知识及其随之而来的复杂性引入宏观经济学"[2]。我非常感谢他们为如此令人印象深刻的会议论文集撰写了如此出色且支持性的序言。

我一直很感激弗里德曼筹划了这次精彩的会议，由此产生了这本论文集，我也对他们所有人为最终成果做出的巨大贡献表示感谢。

在萨缪尔森激动人心的演讲之后，会议的情况如何？这次活动令人印象深刻，至今仍被大家铭记。尽管会议并非完美无缺，但其中一些人数十年后依然能够回忆起它。遗憾的是，当时罗尔斯未能出席，而詹姆斯·托宾和罗伯特·默顿意外地住进了医院。

周五，在所有论文和评论发表完毕之后，我走到主席台宣布晚宴安排。然而，我还没来得及开口，坐在前排中间的罗伯特·蒙代尔开始热烈鼓掌，随即100多位与会者也纷纷起立鼓掌，那是我职业生涯中最激动人心的时刻。

那天的会议确实难以超越。不过，第二天上午的会议内容同样丰富，大家主要讨论了关于失业的"实际"（非货币）决定因素，也就是"均衡"决定因素。令人欣慰的是，他们在阐述和延伸我于20世纪90年代在模拟市场力量将失业率推向"均衡路径"（与预期相符的发展意义上的均衡）方面的工作上做得相当出色。

无论是会议本身还是会议论文集，这次令人难忘的纪念活动成为我职业生涯中的一个重要转折点，尽管这在当时是无法预见的。它标志着我在组织者划分的 4 个宏观经济学领域的工作的结束。然而，我并未远离经济理论领域。

新视野：本土创新

在接下来的几个月里，我开始考虑放弃一直以来的主要兴趣——凯恩斯开创的失业理论、弗兰克·拉姆齐开创的国民储蓄理论和罗尔斯开创的经济正义理论，并尝试创立一种新的理论。这是一个有着根本性影响的转变，我需要摆脱它们的影响。甚至在一篇更早的文章《经济学生涯》中，我就注意到，"在现有模型中发掘未被注意到的含义……与独立地以经验感知经济的某些被忽视或误解的运行方式，这两者之间存在很大差异"。[3]（当然，各个经济体可能具有不同的运行方式。）

毫无疑问，前进的道路不仅是选择一条"少有人走的路"，也是选择一条看起来可能朝着理想方向前进的路。确实，我们需要创造力，但更需要能形成一个新的愿景或直觉的创造力，去推动经济向前发展。在我看来，这与构思关于货币工资率为何具有黏性的假设（如凯恩斯所观察到的那样），或者失业率的波动在多大程度上是由凯恩斯-希克斯的 IS-LM 模型的变动引起的，以及在多大程度上是由奈特和哈耶克所提出的结构性力量的变化引起的,并不在同一层面上。

恰好在这段时间,我开始研究"经济增长"——更确切地说,是全要素生产率的持续增长。我想了解,人们关于增长来源的普遍观点(被广泛遵循的道路)是否过于狭隘,以至于存在缺陷?在世界某些地方是否存在着深层次的创新来源——与新古典增长模型中引入的外生冲击和参数变化(可以是确定性的,也可以是随机性的)完全不同?在许多国家,大部分增长来源是否为人民?这些人民是什么样的人呢?一个国家的本土创新的驱动因素是什么呢?当时我是 68 岁,幸运的是我还有 20 年时间去探索。我迫不及待地想要开始!没有退路,我正在寻找一个崭新的起点。

谜底逐渐浮现。在接下来的几个月中,我偶尔会遇到"繁荣"这个词。托马斯·内格尔在讨论个人成长时曾提及此词,我认为它很好地捕捉到了参与创新活动所获得的非经济回报的含义。[4]

2003 年初,我首先于 1 月在新加坡管理大学的邵逸夫基金会年度讲座上发表演讲,随后 3 月在查塔姆研究所(英国皇家国际事务研究所)进行了一次关于国内创新源泉——本土创新——的演讲。我演讲开头明确地指出:"一个表现良好的经济体不仅能让参与者活得长久、保持健康和安全,还能使其从事提供解决问题和个人成长的机会的职业。表现优异的经济体往往具备以下优势：最高的生产率、最有回报性的工作以及最广泛的包容性……这表明，一些国家已经掌握了其他国家所没有的某种提高绩效的秘诀，而这将使它们在所有或大多数方面都面临低效风险。我的论点是，我所称为'活力'的特性正是这种创造的力量。"[5]这是我第一次使用"活力"这个词，也是第一次提到创造的力量。

在讲座的后面部分，我就这种"活力"的来源提出了一些初步想法。这是一个缓慢且需要逐步推进的过程："一个经济体要想提供精神挑战和个人成长的机会，必须拥有生产产品或创造新产品的新思维方式，从而解决可能产生的新问题，获得新的能力。社会希望进行有目的的变革，使生产效益超过成本。因此，必须建立能够允许并促进高度活力的机构，我们可以把活力视为正常的或平均水平的、有良好导向的创新流动。"[6]

我接着指出，这种关于国家创新的"活力理论"与熊彼特在1911年出版的《经济发展理论》（英译本于1934年出版）中阐述的"企业家理论"有着显著差异。熊彼特的理论主要集中在"企业家"的"艺术"上，即对阿瑟·斯皮霍夫（与熊彼特同时代的人）所做的科学发现的商业价值进行观察和评估，同时企业家敢于将这些发现的一些应用引入市场。[7]由于罗伯特·索洛对第二次世界大战后的经济增长感兴趣，因此他在熊彼特理论精神的启发下于1956年提出了一个以外生"技术进步"驱动的生产率增长模型。[8]

相比之下，我在2003年的演讲中所提及的"活力"指的是一个国家内部采取能够促进创新的行动。我随后将其称为"本土创新"，即源自国家内部，尤其是从事经济工作的普通民众中涌现出来的创新，而不是斯皮霍夫赞颂的由"科学家和航海家"的发现所激发的创新，也不是熊彼特推崇的由"企业家"经常大胆地进行商业应用所激发的创新。

那次演讲的其余部分仅集中于"某些制度对活力至关重要"这一主题。毫无疑问，如果所需制度功能不完善或缺失某些制度，创新必然受到限制或不可行。但是，一个关于活力的充分理论——是什么助长和激发了活力，换句话说，它源自何处——并不止于此。

这次讲座中缺少的是关于助长和激发这种"活力"的力量（这些力量是根本源泉）的理论，更不用说实质性证据。诚然，人类天生具备创造力，能够推动新产品和新方法的构想或发展。然而，是什么引发了一个国家的本土创新呢？在拥有创造力和渴望运用创造力去想象、构思和实现新事物的发展之间，缺少了一个环节。

在2005年的《国家的经济表现》手稿中，我向前迈出了一步，转向了另一个或许更为基本的层面，尽管制度仍然处于次要地位。我写道："我们无法对制度的经济表现进行理性的讨论，除非我们愿意并能够具体说明我们想要拥有哪种经济……理想的商业生活是什么样的……高生产率只是良好经济表现的一个方面。"[9]我继续写道："调动员工的思维并提供解决问题的挑战，可以引导他们发挥自己的一些才能，并促使他们扩展自身能力。从发掘、发展和运用才能中获得个人成长是工作满意度的基本要素。"[10]

这种高绩效的概念在欧洲和其他地方是否被广泛接受？我刚才所概述的高经济绩效，即理想经济体的概念，常常被认为是美国特有的。可能许多读者会觉得这种绩效概念——更广泛地说，工作和商业的提升——在某些程度上与一些令人难忘的美国作家的思想是一致的，其中包括本杰明·富兰克林、拉尔夫·沃尔多·爱默生、亚伯拉罕·林肯、威廉·詹姆斯、约翰·杜威、约翰·罗尔斯、理查德·罗蒂和德里克·博克。然而，人们普遍认为这种高绩效概念与欧洲价值体系格格不入，这是没有根据的。这些愿望起源于几个世纪前，并引发了长期争论。发现、独立、进取、参与是个人发展和成就之路上重要的人文主义论点，毕竟，其最初由欧洲学者阐明并推动发展。

这种人文主义思想源自古希腊、文艺复兴和启蒙运动。[11]

这场讨论虽然为我在新加坡和查塔姆研究所的演讲增添了内容，但似乎并未形成我所构想并曾隐约提及的逻辑完整且足够清晰的非熊彼特式创新理论。

2006年5月，在慕尼黑郊外泰根湖畔举行的创业与经济增长会议上，我再次有机会发言。该会议由马克斯·普朗克研究所和考夫曼基金会组织。我发表了一篇题为《沿着奈特、凯恩斯、哈耶克和波兰尼的思路，构建创新与绩效模型》的论文。

我在向欧洲观众发表演讲时，首先对德国历史学派创立和发展的创新理论进行了批判，这进而引出了我正在研究的理论。在这篇由三部分组成的论文的第一部分中，我对德国历史学派领袖对于创新问题所表现出来的早期关注表示敬意，其中包括20世纪初的德国人斯皮霍夫，以及随后的瑞典人古斯塔夫·卡塞尔和奥地利人熊彼特。

> 得益于他们，经济进步成为未来几十年研究的主要对象。他们的工作将创新与市场经济的外生因素的力量联系起来，例如技术突破、海外市场的开放以及新材料的发现。一项新发现为投资创造了新的渠道。卡塞尔在他的

《社会经济理论》(1923年)中写道,这些投资"表达了雇主通过满足社会对固定资本不断增长的需求以获取利润的热情"。这提供了一个有益的观点,让我们了解由经济外部冲击引发的一些具有历史意义的重大创新。[12]

从这个角度来看,熊彼特的作用在于使新古典主义理论更加丰富和现实:"他通过拓展这一理论,强调了创新需要有意愿承担风险的企业家,这通常发生在新公司中。在这个体系中,银行家选择要支持的投资项目。最终,成功的初创企业将激励其他企业家进行效仿,在创造新产品过程中对一些现有产品和工作进行创造性破坏。"[13]熊彼特的成功当然部分归于他卓有成效的写作。

然而,在我看来,一个国家的创新(至少是一个大国的创新)很大程度上来自该国经济中商业部门内部所涌现出的新想法的实现。我的论文指出:"资本主义是一种私人所有制制度,其特点是对实施新的商业理念(新产品和新方法的理念)持开放态度,并采用分散、多元化的机制来选择需要资助的想法,并为其提供所需的资本和激励。"

尽管熊彼特提出了被称为熊彼特式企业家的概念,即那些因全球某个领域的重大发现而推出可行商业产品的企业家,但他在撰写这段文字时,并未对后来涌现出的一系列理论有所了解。这些理论包括亨利·柏格森于 1907 年提出的"创造性进化"、奈特于 1921 年提出的"不确定性"以及凯恩斯于 1921 年提出的"概率"。值得注意的是,后两者由于第一次世界大战而延迟发布。总体而言,熊彼特并未摒弃新古典主义或前现代思想。

我继续写道:"这个模型的机制……明显具有前现代性……熊彼特对创新概念本身的理解与两次世界大战期间的理论家有所不同……熊彼特式企业家似乎被视为一种行动工具,他们根据商业界成员发现和谈论的关于尚未开发的机会的信息来行事。"[14]

我的论文的第二部分从描述和批评熊彼特的新古典主义方法出发,旨在"勾勒出一个模型的核心要素,该模型捕捉到资本主义经济的本质方面,即由私人企业参与者向私人金融家提出支持创新项目的建议所驱动的经济"。[15]

首要目标是描绘一个微观机制,该机制控制着创新市场上来自企业家的新想法的"供给流"和来自金融家的新想法的"需求流"。接下来,这个模型考虑了某些市场力量,例如,企业家及其投资者的环境和预期是如何影响他们之间互动结果的。由于创新想法对企业业绩至关重要,因此我认为必须建立创业想法的市场供应模式，以及管理者和金融家对这些想法的需求模试。[16]

　　为了避免经济图景显得过于虚幻，我指出了这种相互作用的可见依据。为简化起见，我假设所有产生新想法的企业家都会定期参加某种"集市"，以寻求资金来开发和推广他们的创意。更多投资者也会参与其中，寻找投资或贷款的机会——就像现今的对冲基金和风险投资一样。（大约在2022年，我高兴地得知这个集市实际上已经存在。[17] 我向理查德·罗伯提到了集市的概念，他当时一边给高年级学生授课，一边经营着一家对冲基金，还在写一本书——我喜欢将他形容为"凯恩斯式"的人物。他告诉我他最近刚去过这样一个集市。我询问他该集市运转是否顺畅，他表示肯定。）

　　这个粗略的模型与欧文·费雪和詹姆斯·托宾设计的资本市场耶鲁模型完全不同。该模型隐含地假设每个拟议项目的前景都是明确无误的，因此金融家对每个项目的价值都达成共识。然而，一般来说，当某人提出新想法时，会导致人们不清楚新事物的准确定义，因而无法准确预测其大致需求。[18]

　　在论文的第三部分，我探讨了创新机会在经济绩效中的作用。我首先介绍了经济中不断涌现的新创业想法供给以及企业家对这些想法的需求（同时也需要具备足够背景知识的多元化投资者来做出明智的选择以提供支持），这些都是创新的核心并且与高经济绩效密不可分。随后，我探讨了创造新的想法需要参与者具备一定"能力"。[19]很明显，我对这些"能力来源"知之甚少。

然而，我深刻认识到人们具备这些能力的重要性，毫无疑问，人们表现这些能力的愿望也至关重要。因此，个人成长和拥有一个能为人们提供职业前景的经济体系，以激发人们的思维、挑战人们的智力、提供解决问题的机会、锻炼人们的创造力，并让人们为自己谋生的方式感到自豪，这一点十分重要。我明白，这是从亚里士多德到塞万提斯再到威廉·詹姆斯和亨利·柏格森所倡导的生活哲学。[20]

我接着表达了一个我曾认为它还不够清晰的想法，这个想法始于我在新加坡和查塔姆研究所的演讲。

> 如果一个经济体提供有回报的工作的能力，要从勉强满足需求的水平上升到可以带来实质性个人发展的水平，那么这个经济体就需要产生足够的创新流动的活力……资本主义的活力——它所激发的丰富的创业想法、企业家不断发展自己构思的勤奋以及多元化投资者在选择支持的想法时的敏锐洞察——催生了一系列创业理念，这些想法在

工作场所提供精神刺激，提出需要解决的新问题，从而为自我实现和满足开辟了道路。[21]

如果明确指出"活力"来自人民，而不是来自资本主义或任何其他经济制度所提供的激励（尽管如果人们要朝着理想的方向发挥他们的创造力，激励是必要的），那么这一论点会表达得更好。为了在一个国家实现广泛的本土创新，人民必须具备获得活力所需的素质。当然，糟糕的资本主义经济组织仍可能阻碍人民表达其活力——无论这些活力能否通过其他来源（如科学基金会或采用其他国家的最新进展）产生创新。

在接下来的几年中，我继续完善这篇论文中所表达的思想。尽管该论文存在一些局限性和错误，但这些思想的方向是正确的。这篇论文主要探讨了人类创造力以及实践该创造力带来的回报，并分析了这些回报给社会带来的好处。

诺贝尔奖

进入 21 世纪，诺贝尔奖这个话题频繁出现在我和几位朋友的脑海里。1999 年，罗伯特·蒙代尔因其对国际宏观经济学的创新而得奖；1998 年，阿马蒂亚·森因其对福利经济学做出的杰出贡献而受到表彰；1995年，罗伯特·卢卡斯以他对新古典宏观经济学的突破性工作赢得了该奖项。我感到自己正处于合适的时机。2001年，一支庞大的国际团队参与了为我举办的庆祝活动，这更加强化了我的信念。人们普遍认为，在庆祝活动上展示出来的激情将传达给诺贝尔奖委员会成员。当此方法未能起效时，有人告知我，一群支持者安排了一辆装满提名文件的手推车，并将其提交给委员会；然而，组织者被告知这样做不但无益，还可能适得其反。尽管如此，我必须专注于我的工作，并不再指望获得诺贝尔奖。

2006年10月9日，星期一，电话铃声响起。许多人询问我那次经历的细节。当时，我接到了瑞典皇家科学院秘书长贡纳尔·厄奎斯特的来电，得知了我获得诺贝尔经济学奖的消息。我以为自己可能漏听了什么，于是询问他我是否会与其他人共享这个荣誉。"不会，"他回答道，"你是唯一的获奖者。"薇薇安娜和我欣喜若狂。如果我的父母还在世，他们也会同样激动。

那天早上，保罗·萨缪尔森是少数几个给我打电话的人之一。他兴奋地说："你得奖了，而且你是独自获奖。"接下来还有更多的奖项和一些精彩的庆祝活动，但我有厄奎斯特打来的电话以及与萨缪尔森进行的一两分钟交谈就足够了。哥伦比亚大学召开了一场由校长李·布林格主持的新闻发布会，杰弗里·萨克斯回忆起《微观经济学基础》一书在哈佛广场书店上架时引起的轰动。夏洛特·摩根告诉我,《查理·罗斯秀》的工作人员打电话邀请我参加访谈节目,但当晚未能成行。

在斯德哥尔摩"诺贝尔周"期间,有很多难忘的时刻,其中有些我至今仍铭记在心。第一天晚上,诺贝尔奖得主和诺贝尔奖委员会成员在红厅举行了一个小型盛宴会面。在一个世纪前,作家兼艺术家奥古斯特·斯特林堡就是在红厅引领瑞典迈向现代化的,而在此地举行宴会更加彰显出这个国家对诺贝尔奖项的高度重视。

瑞典人以友善著称。在盛大的宴会上,薇薇安娜坐在新当选的首相旁边。顶级豪华轿车和优质服务让我们备感温暖。汉斯·特森·瑟德斯特伦和他的妻子邀请我们共进晚餐。还有一天,我们参观了一间陈列着阿萨·林德贝克画作的房间。一整个星期都非常特别,令人难忘。有一天,在午餐后,当我们驱车穿过拥堵的交通前往一间教室时,让我感到惊讶的是彼得·豪伊特正在黑板前向学生讲授我1968年发表在《政治经济学杂志》上的关于预期对工资制定影响的论文。他将这篇文章解释得十分清晰易懂,因此我对他心怀感激。

在由诺贝尔奖委员会成员拉尔斯·卡姆福斯主持的新闻发布会上,我的研究成果受到了高度赞扬。随后,一位记者提问:"为什么你等待这么久才获得奖项?"我曾经难以理解,但是他们一定是特别谨慎地将这个奖授予一个人。最近,我意识到,在我获奖之后,几乎没有人能够独自获得此殊荣,因此他们授予我这个荣誉肯定不容易。

当"诺贝尔周"结束时,获奖者聚集在基金会,领取诺贝尔奖章,并向东道主告别。当我靠近贡纳尔·厄奎斯特并与他握手时,他用低沉的声音对我说:"好好利用它。"[22]

斯德哥尔摩的行程结束后,我好好休息了一段时间。之后,我获得了更多令人赞叹的奖项。其中包括 2008 年与马里奥·德拉吉以及已故的鲁契亚诺·帕瓦罗蒂(他的妻子代表他接受金像奖章)共同荣获的乔瓦尼·皮科·德拉·米兰多拉奖,这是一个令人感动的奖项;2009 年 6 月,在巴黎阳光明媚的一天,克里斯蒂娜·拉加德为我颁发"法国荣誉军团骑士勋章",并且我和朋友一起品尝香槟和开胃小菜,这也让人非常高兴。后来,我于 2012 年被都柏林圣三一大学哲学学会授予"荣誉赞助人"称号,这一荣誉让我倍感荣幸,因为这一称号在几十年前被授予给温斯顿·丘吉尔。

这些场合无不令人陶醉,同时也拓宽了我的眼界。然而,还有其他一些重要事项需要关注,包括在哥伦比亚大学建立一个新的研究中心——资本主义与社会研究中心,以及我一直都没有舍弃的教学工作。

该中心的成立源于我在伦敦的欧洲复兴开发银行任职期间与罗曼·弗里德曼、安德烈·拉帕钦斯基进行的多次讨论。弗里德曼回忆道，当他开始向纽约联邦储备银行的威廉·麦克多诺描述建立该中心的想法时，麦克多诺从椅子上跳了起来，这是令人振奋的。这个想法形成后，我将其提交给哥伦比亚大学教务长乔纳森·科尔，并随后呈递给校长乔治·鲁普。在学年结束前，该中心获得了批准。（鲁普是一位专门研究马丁·路德和新教改革的神学家，他似乎不太可能对资本主义的利弊研究做出负面反应。）

2001年初，该中心开始成形。彭蒂·库里曾离开耶鲁大学，但他仍然是一位杰出的经济学家。他提出了创办期刊的想法，并与弗里德曼合作共同创建了该期刊。理查德·罗伯和彭蒂·库里组成了中心的顾问委员会，当时罗伯刚加入哥伦比亚大学国际与公共事务学院。我担任中心主任的几年后，我的前秘书米兰达·费瑟斯通成为行政经理。我们邀请阿马尔·拜德担任期刊编辑，并从考夫曼基金会获得资金，与伯克利电子出版社合作创建这份期刊。在最初的几年里，加入我的团队的成员包括罗曼·弗里德曼、安德烈·拉帕钦斯基、阿马尔·拜德、理查德·纳尔逊、格伦·哈伯德、约瑟夫·斯蒂格利茨、布鲁斯·格林沃尔德、梅里特·福克斯和彭蒂·库里。

作为中心主任，我的首要职责是寻找场地和资金，并为中心的活动提供指导，包括会议、出版物和研究项目。2002年1月，我邀请杰弗里·萨克斯加入中心，他作为地球研究所的主任，为我们提供了一个位于百老汇的小办公室，以便我管理中心。在股市低迷期间，没有一个基金会愿意为我们提供支持，但萨克斯里一直帮助我们维持运营。

我们的首届大会于2004年4月16日至17日在哥伦比亚大学隆重举行，尽管我们中的一些人认为2001年的纪念会才是中心的起点，因为当时我们大部分人都在场。这次盛会以"资本主义制度"为主题，并且发言嘉宾阵容强大，包括保罗·沃尔克、威廉·鲍莫尔、理查德·纳尔逊、斯坦利·费希尔、奥利维尔·布兰查得、罗曼·弗里德曼等重要人物（《经济学人》杂志前副主编克莱夫·克鲁克也出席了此次盛会）。这些演讲可能并未引起公众的广泛关注，但世界上没有其他研究机构能够进行如此深入透彻的探讨。这标志着中心的方向和主题开始确立。

2005年6月，我们在冰岛雷克雅未克大学举行了第二届会议，其主题是"婴儿潮一代的老龄化及其对活力、繁荣和增长的影响"。我的学生也是《活力》一书的合著者吉尔维·索伊加担任了此次会议的联合组织者。会议嘉宾包括罗伯特·蒙代尔和杰森·弗曼。中心顺利起步，并逐渐步入正轨。

在威尼斯举行的第三届会议再次展示了我们中心的实力。该会议主题为"欧洲大陆经济表现展望"，会议由我们中心和慕尼黑大学经济研究中心共同举办。汉斯-沃纳·辛恩担任了会议的联合组织者。辛恩发表了一篇关于"欧洲大陆表现"的论文，拉帕钦斯基和弗里德曼就"欧洲大陆思想"进行了发言，路易吉·津加莱斯就"欧洲大陆工业组织"进行了演讲，我则就"欧洲大陆价值观"进行了分享。在星光点缀的晚宴上，我们欣赏着威尼斯运河和古根海姆博物馆的美景，同时与马里奥·德拉吉和马丁·沃尔夫等嘉宾共度这难忘之夜。最终，我们与麻省理工学院出版社合作，在2011年出版了名为《欧洲大陆经济表现展望》的会议论文集。

然而，中心需要的空间和自主权远超杰弗里·萨克斯可以提供的范围。幸运的是，诺贝尔经济学奖的宣布使我们的处境发生了翻天覆地的变化。几天后，具有全球影响力并且精力充沛的德国著名商人彼得·容根亲自来拜访我。他对中心如同壁橱般的办公室和空空如也的金库感到震惊。不久之后，他与哥伦比亚大学新任校长李·布林格达成协议：他将为中心提供一段时间的资助，而哥伦比亚大学会帮助其寻找合适的办公场所。

在这漫长的等待期间，2008 年，西方世界遭受了金融危机的冲击。美国银行和其他金融实体过度放贷，低估了借款人虚假陈述的风险。美联储几乎无法阻止随后在整个西方世界发生的金融紧缩，最终导致大衰退。这场危机震撼全球，而它起源于百老汇大街以南 60 个街区的地方。

在这场危机中，中心也在努力应对。2007 年 11 月 14 日至 15 日，中心与美国对外关系委员会共同举办了第四届年度会议，主题为"美国资本主义的活力：弱点何在？主要威胁何在"。然而遗憾的是，这次会议并未及时广泛探讨金融部门存在的问题。2008 年 11 月 24 日，中心在墨西哥城工业俱乐部举行了第五届年度会议，以"经济活力与包容性"为主题，但其不得不关注墨西哥所面临的问题。

不过，中心最终通过举办两次引人瞩目的会议，积极应对了这些问题。第一次是 2009 年 2 月 20 日在哥伦比亚大学举行的第六届年度会议，主题为"走出金融危机"，会上克里斯蒂娜·拉加德和保罗·沃尔克发表了主旨演讲。欧洲中央银行副行长、我的老朋友卢卡斯·帕帕季莫斯就监管新金融部门发表了演讲。第二次会议是 2009 年 12 月 11 日至 12 日在柏林的德意志银行原址举行的第七届年度会议，其主题是"危机后的经济政策：重构思路"，这次会议由我的朋友和支持者彼得·容根组织，其规模和影响力甚至可以与威尼斯会议相媲美。许多银行界人士和货币专家都出席了此次会议，其中包括罗伯特·蒙代尔和保罗·沃尔克，他们在晚宴上发表了演讲。我们在可以俯瞰勃兰登堡门顶上胜利女神铜像的地方举杯庆祝，共同面对未来的挑战。

2010年夏末，新办公室已准备就绪，里面装潢精美，通过一排窗户可俯瞰曼哈顿的天际线。在隆重的开幕仪式上，李·布林格莅临此地，并向我们致以工作顺利的祝福。过去10年，我们经历了很多美好的时光，以及一场重大的危机。现在，我们对实现接下来10年的目标充满期待。

第八章

本土创新的巨大浪潮、有意义的工作和美好生活

新10年的曙光喷薄而出，诺贝尔经济学奖的光芒黯淡失色，建立和测试新经济理论的计划振翅起飞。在2008年9月之后两年多的时间里，我一直在写作一部在一定的历史框架内介绍这一新理论的书，并打算尽快完成。当时构想的书名是《梦想与荣耀》，后来改为《大繁荣》①。该书的第一部分那时已经完成了，米兰达·费瑟斯通对其进行了编辑。她成为资本主义与社会研究中心的行政经理后，我的新助理弗兰切斯卡·玛丽——另一位哈佛大学文学专业的学生接手工编辑了这本书。

后来，发生了一件非同寻常的事，这件事稍微推迟了《大繁荣》的完成时间，却在出版前后引发了人们对这本书的广泛关注。2010年1月初，中国慈善家陈发树邀请我担任他

---

① 《大繁荣》的英文名字是"Mass Flourishing"，Mass是双关语，具有巨大的和大众的两重含义，英文名字直译是"由大众创造的巨大繁荣"。——译者注

在中国福建省省会福州市创办的新华都商学院的院长。这是一个十分吸引人且令人兴奋的邀请。1月末，在瑞士达沃斯举行的世界经济论坛上，我遇到了哥伦比亚大学校长李·布林格，询问他哥伦比亚大学是否有规定不允许教授从事为期数年的第二份工作，他说没有这样的规定。

于是我得到了学校的许可，并发现我在中国的工作与我的新手稿继续取得令人满意的进展并不矛盾。我很高兴踏上这段未知的旅程。3月份的签约仪式很快在北京举行。

那天上午的签约仪式顺利进行，新华都商学院扬帆起航。下午，陈发树理事长的副手、曾任微软中国区负责人的唐骏发表了关于新华都商学院使命的演讲，多个电视台进行了报道。在离开会场的路上他对我说，再过几个小时，全中国乃至全世界都会知道这所新学院。事实上，这所学院逐渐在中国家喻户晓。6月13日，新华都商学院在闽江学院校园内举行了奠基仪式。那一天下着雨，我们聚集在已经动工的工地上，在六七把雨伞的遮挡下，举行了奠基铲土仪式。这是一次非同寻常的活动，体现了一种推动创建新学校的非凡决心，同时也是一个令人难忘的新事业的开端。

中国记忆

新任命的新华都商学院理事长何志毅及其他教授似乎更希望我着力于扩大这个初创商学院的影响力,以吸引福建省商界和政府的关注,而不是对应有的课程体系进行设计,但我觉得我是可以设计课程体系的。在商学院初创的过程中,志毅为我们树立了榜样,他用一个月的时间跑遍了福建省的各个角落,鼓励高分学生进行报名。

学习逐渐成为双向的。中国人给人的印象一般是异常勤奋的,尽管对此有所认知,我还是对我所参观的中国公司展现出的活力和专业知识准备不足。他们的热情和"技术诀窍"(know-how,1838年出现的美国术语)在很大程度上解释了他们在世界市场上的生产率和市场份额的增长。有一天,我被安排到一家生产各种拉链的工厂参观,这一点得到了具体的体现。参观结束后,当我们喝茶聊天时,我说拉链的英文 zipper 是根据使用时发出的声音命名的,并补充说,其发明者住在纽约。"是的,"公司负责人说,"我们非常了解这家人,他们现在住在佛罗里达。"这个行业和许多行业一样,既充满竞争,也有交流与合作,中国企业已成为其中的重要组成部分。

一段时间后,我开始觉得有必要在对中国听众的演讲中加入我正在形成的理论，强调拥有一个充满参与（或愿意参与）本土创新的企业的经济体之重要性，这一理论最初适用于西方发达经济体。当然，在中国经济中，许多企业已经构思并开发出新方法或新产品，或两者兼而有之。我在2012年调研中国工业时，对一家工厂研发和使用的先进机器人印象深刻。我建议全中国的企业都积极为新产品和新方法提出新创意。

随着新华都商学院和资本主义与社会研究中心在中国有了一定的知名度，开展一些项目合作也就水到渠成。2013年3月，我们在北京举办了"中国下一个十年"专题会议。我借此机会提出了扩大经济创新的论点。美国白宫经济顾问委员会前主席兼哥伦比亚大学商学院院长格伦·哈伯德、阿马尔·拜德和理查德·罗伯也在会上发言。莱彻·博吉洛夫提交了一篇论文，并论述了关于职业选择和教育在滋养创新方面的作用。

我在新华都商学院任职前后，还在中国其他地方进行过演讲。2001年左右，我应林毅夫的邀请，在北京大学的一个庭院里做了一次演讲，这是我在中国的第一次演讲。我在乘坐毅夫的车返回市中心的路上时，问他为什么路上骑自行车的人都在笑。他说："这与他们的收入正在增加有关。"2004年左右，中国发展研究基金会的领导人卢迈来到我的办公室，恳切邀请我在即将举行的中国发展论坛年会上发表演讲。这是我们长久友谊的开始。

在 2005 年诺贝尔奖获得者北京论坛上,邀请我的罗伯特·蒙代尔和我在当天的晚宴上相邻而坐。蒙代尔评论说:"记者给每位发言人都起了代号。"当我问他是否知道我的代号时,他说:"我不知道,可能会是深思者?或者是托宾的叛徒?"当然,我没有背叛托宾,我只是设限并超越了托宾的凯恩斯主义信仰。

5 年后,大约是 2010 年的一个晚上,我在北京大学做了一次关于资本主义和社会主义的讲座。一个世纪前,著名的哥伦比亚大学哲学和教育学教授约翰·杜威在这个学校讲学。我看到偌大的礼堂里人们挤得水泄不通,有些学生似乎已经挂到天花板上了。那天现场气氛非常热烈,林金盘专心致志的翻译更是为交流增色不少。大部分译员在发言者讲完一句后就开始翻译,但是她能让我看着准备好的讲稿念上足足一整段,而且她能同时在笔记本上奋笔疾书,然后再用中文流利地翻译出来,似乎像在背诵一段文章。还有学生后来提出的问题也很有见地。这可能是我教学生涯中最精彩纷呈的一次讲座。

10 年间,我更多地参与到整个中国的事务中。从 2012 年开始,我参加了每年在海南省举办的博鳌亚洲论坛,该论坛旨在为亚洲商界领袖提供一个类似达沃斯世界经济论坛的平台。

除此之外，我还很高兴能与中国人民银行长期以来的掌门人周小川同台演讲。2013 年，我又与花旗银行前董事长兼首席执行官威廉·罗兹同台演讲。

我还应邀参加了中国的国家外国专家局的一些活动。我在他们的年会上发表了两次演讲，其中一次是在人民大会堂的一个巨大的大厅里。正是在 2014 年秋天的那次会议上，我第一次见到了李克强总理。在合影中，我一边伸出右手，一边用左手把我的新书《大繁荣》递给他。"这本书我读过！"他解释说。"但我想把这本签名的原版书送给您！"我回答道。我们有了这样一个良好的开端，并且在后来的类似活动中，我们总是相见甚欢。

我还与福建省的地方官员进行了交流。在某种程度上，正是由于这些交流，我在 2014 年获得了"中国政府友谊奖"，得以与其他的获奖者在北京齐聚一堂。李总理的到场祝贺为这一热烈的场合增添了光彩。

那几年，我和薇薇安娜有幸两次与李总理在晚餐时坐在一起会谈。第一次，他非常好奇地问我最喜欢的美国哲学家是谁，我提到了查尔斯·皮尔斯和威廉·詹姆斯的名字。后来，我对提皮尔斯的名字松了一口气，因为李总理显然对皮尔斯知之甚多，他似乎很高兴。接着，我们还聊了一些其他的话题。

一个小时的谈话结束后,我感到很幸运能有这次会面。

一年多后,我们再次共进晚餐。这一次,他对中国经济当时取得的进步感到欣喜,这是他推动实现的一个重大进步。他自豪地向我展示了中国经济中初创企业激增的数据,他似乎期待着中国经济中创业积极性的提高。他读过《大繁荣》一书,而且我们还就书中的观点进行了坦率的交流。

一个关于创新、繁荣和增长的理论

《大繁荣》的写作历时近 5 年,并于 2013 年 8 月由普林斯顿大学出版社出版。正如芬兰哲学家埃萨·萨里宁所言,这本书是我毕生之作的集大成者。

这本书介绍了本土创新的概念,即在一个国家内部可能会涌现出的创新。这种创新充分利用人们敏锐的观察力、私人信息和个人知识,以及他们的创造力和独创性。也许有些人会好奇,在被遗忘的过去是否已经有人提出了这一理论。然而,我们并没有发现类似表述存在。或许有些人会认为弗兰克·奈特在他 1921 年的著作《风险、不确定性与利润》中至少提到了未来的创新者在追求利润中面临着不确定性,但在奈特的文本中并未找到相关表述。

过去，奥地利学派领袖弗里德里希·哈耶克在20世纪30年代将不完美信息引入经济学，而匈牙利哲学家兼化学家迈克尔·波兰尼于20世纪50年代提出了"个人知识"的概念。（我曾渴望亲自参加他在耶鲁大学发表的关于此主题的演讲，可惜那时我正在麻省理工学院。）虽然这些研究都具有重要意义，但他们并非旨在提供一种创新理论。

哈耶克在1945年的一篇论文中明确表示，他所讨论的"适应性"是指"适应不断变化的环境"，而非广泛意义上的"创新"。[1] 与创新不同，适应具有可预测性，其不需要灵感迸发，而是迟早都会发生的连锁反应。即使环境停止变化，适应性也不会停止。相比之下，"创新"（来自拉丁语 nova，意为新事物）无法从当前知识和信息中确定，因此难以预测。由于其存在无法预见性，因此"创新"可能带来破坏性影响。创新是引发适应过程的事件，而这些适应过程又会反过来累积起来，推动经济"实践"走向那些原本无法预见的"港口"。[2]

波兰尼在1958年出版的《个人知识》一书中明确表示，他的关注点在于实验室中致力于增加"科学知识"的科学家，而非经济中考虑尝试创新的人。他指出："这主要是对科学知识的本质和合理性进行探究。我希望建立一种知识的替代理想。"[3] 然而，我们可以发现，波兰尼对从事实验室研究工作的人员所持的观点与我在《大繁荣》中对国家工业创新者所持的观点存在广泛的相似之处。当然，在不同领域内，不同理论家之间的工作确实存在共性。

我在撰写《大繁荣》一书时，发现自主创新的三个关键要素是：充分发挥人类潜能、有效调动国民意愿以及充分利用这些潜能所带来的显著回报。

想象力和创造力

这个新理论的关键前提是，人们普遍具备想象力和创造力——当然，并非每个人都能拥有，就像并非每个人都能看到和听到一样。至少可以说，在经济学中，这个前提并不常见。（我那篇《人口增长》论文的前提是，全球人口的增长会促进新思维的产生，这个前提同样也是不寻常的。[4]）将经济增长理论甚至生活本身所依赖的经验理论主要建立在创造力之上，在当时被视为天方夜谭。长期以来，主流理论大都是基于探险家、开拓者、敢于冒险的商人以及科学家和实验者的发现构建而成。

当我开始撰写《大繁荣》这本书的初稿时，我偶然间发现了关于人类拥有和展现创造力的惊人证据。图宾根大学的研究人员发现了一些可吹奏的笛子，这些笛子由 3.5 万年前居住在洞穴中的人用骨头制作而成。尼古拉斯·科纳尔及其同事就这一发现于 2009 年在《自然》杂志上发表了论文，但并没有证据表明他们偶然发现了中欧甚至整个欧洲是唯一拥有这种天赋和渴望的地方。显然，智人早在一千代人之前就开始运用想象力和展现创造力。[5] 这大大强化了一些将构成这本书论点的主题思想。

这一洞穴的发现使我们更进一步理解了人们并非缺乏创造力，这与许多甚至大多数经济思想相悖。早期经济参与者似乎普遍并不缺乏创造的欲望，他们为了自己能使用或娱乐而发明和测试一些东西，例如科纳尔发现的笛子。早期的人们还没有形成创造新事物供社会使用的组织，早期的经济也还没有形成能够鼓励和促进创新的态度和制度。

如果说有一个国家普遍存在创造力和想象力，那么它可能在西方那些创新蓬勃发展的地区——1870—1970 年的美国以及某时期的德国和法国，正是这些全国人民中广泛存在的才华与力量的推动使持续创新成为可能（借用沃尔特·罗斯托所说的）。然而，是什么点燃了这一火焰？是什么激发了人民的才华与力量？

活力

显然，经济制度只是一个必要的工具，而不是这一伟大而前所未有的创新背后的潜在动力。市场经济和资本主义制度早在数年甚至数百年前就已形成，它们仅仅促进了这一新现象的产生。《大繁荣》的主旨是，这种创新源于被新兴精神——时代精神及其领军人物——激发的大量民众。这种精神点燃了激发人民想象力的火花。

根据我的研究，尽管一些创新是经济以外各种发现的结果，但一个国家持续创新的现象，即本土创新，通常源于人民对创新的渴望，特别是那些已经参与经济活动的个体。同样地，《大繁荣》所关注的"草根创新"，也源于人们包括普通人对创造新事物并认识其用途的渴望。在这本书中频繁出现的术语"活力"，是这种本土创新的巨大欲望和能力的简称。[6]

《大繁荣》进一步论证了这种"活力"是由一系列深层次的力量共同作用而产生的，这种力量包括改变事物的动力、对新事物的接受度以及最重要的对想象和创造的准备。当然，如果没有像法律体系这样的制度支持，创新就很难产生。这种活力的出现让商界人士开始思考，是否有更好的方式来做某件事，或者是否有更好的事情可以做。其结果就是"现代经济"的诞生，它带来了一场巨变。那些容易被新商业理念吸引的参与者变成了研究者和实验者，他们管理着创新过程。

现代经济将各类人才转变为创意人，构建了一个巨大的想象空间，用于设想新产品和新方法的制造与使用。这一创新过程充分利用了前现代经济未曾利用的人类能力。这种观点与熊彼特1912年的论断截然不同，熊彼特认为创新依赖企业家组织外部发现项目的能力，并强调了"忙碌"和"完成工作"的决心所蕴含的人类欲望和能力。[7]

这种活力的出现以及由此产生的"想象力"引发了一个问题，即在这些国家中是什么因素促使它们形成的？

对于1870年前后西方世界涌现的惊人的创新浪潮，人们有着各种解释。亚伯拉罕·林肯在1858年全国巡回演讲中高声呼喊："年轻美国人要对新事物充满渴望和热情——一种完美的愤怒。"然而，林肯并不了解从事各种经济活动的人们强烈渴望构思"新事物"[8]（以及购买新事物）的背后隐藏着什么。同样，当时哈佛大学著名经济学家弗兰克·陶西格将美国之强大主要归于"美国人的创造力"，仿佛他们拥有某种遗传优势。[9]他没有解释是什么激发了创造力，或者为什么美国比其他所有或多数国家更具创造力。我在书中还指出了产生于19世纪并延续至20世纪的"现代体验"——不断的变革、无尽的问题解决、追求新事物带来的乐趣等，包括现代音乐和现代艺术。

价值观与知识：关键因素

那么，如何解释现代社会及其现代经济所展示出的高度活力？"是什么推动了现代经济的现代化？"[10]现在或过去主要驱动、激励和支撑现代经济发展的力量源泉是什么？

在《大繁荣》一书中，新思想的形成——创造新事物和改进生产方式——是由正确的价值观所驱动的。人类历史上文化的转变为现代经济的出现提供了必要的推动力量。

> 在西方世界逐渐形成了一套完整的价值观体系，这些价值观在不同国家和国家之间程度各异，它们已经成为现代经济的主流，并且也是活力背后的精神支撑。这种主流融合了人文主义和现代主义。在这些价值观达到关键点的国家，它们引发了现代经济的崛起。（在新文化中最早的因素出现在几个世纪之前并不重要，只要其他关键因素出现的时间更近一些。）。[11]

高度的活力在很大程度上但不完全源自从幼年时期起就被教育要运用自己的想象力和洞察力来实现新目标的人们

（包括商人）；在职场中，人们被实现个人辉煌愿景所驱使；在风险投资中，人们愿意凭直觉行事；此外还有许多终端用户——消费者或生产者——愿意率先采用一种新产品或新方法，而这种新产品或新方法的预期价值在事前是无法确定的。这反过来又要求人们具有抱负、好奇心和自我表达的欲望。[12] 因此，现代经济需要一个拥抱现代价值观的社会。

现代主义价值观包括对他人的态度：乐于接受同事所期望的变革，渴望与他人合作，积极追求竞争，并愿意采取主动。其他现代主义态度则体现为创造、探索和实验的欲望，克服挑战，以及对自身工作的执着。这些欲望背后蕴含了培养自己判断力、根据独立见解行事以及激发想象力的需求。这种精神将未知旅程中可能出现的意外后果视为宝贵经验的一部分。[13]

所有这些现代主义与传统主义的社会和谐观念，以及为他人和家庭服务的观念形成鲜明对比。在传统价值观下，个人更经常地服从于群体，易形成社团经济。然而，社团经济的两个特征——团结和社会保护——都不利于高度活力或创新，因为其更注重顺从而非创造新事物。但在被视为现代化的社会中，发现传统主义元素也并非不寻常。

在《大繁荣》的论述中，对现代价值观——通常被称为人文主义——的传达扮演着关键角色，这是极具挑战性的。我认为这些价值观可以划分为个人主义、活力主义和自我表达三个类别。

首先是个人主义的兴起。这种个人主义在文艺复兴时期兴起，乔瓦尼·皮科·德拉·米兰多拉指出，由于人类是按照上帝形象创造的，他们在某种程度上也拥有上帝的创造力。因此，个人主义激励人们开拓属于自己的发展之路。同样地，马丁·路德呼吁基督教徒自行阅读和解读《圣经》，这反映了个人主义的两个基本方面：运用自己的判断力和独立思考。后来，在1759年的作品《老实人》中，伏尔泰进一步支持了个人主义的其他方面：经济独立和拒绝墨守成规。[14]

在"地理大发现"期间，活力主义同样重要。它从意大利席卷法国、西班牙和英国，并在早期现代性伟人的生活中表现得尤为突出：切利尼是一位伟大的雕塑家，也是柏辽兹歌剧的主题人物，他一心追求成功；蒙田通过他的《随笔集》记录了个人内心生活和成长经历；塞万提斯在《堂吉诃德》中描绘了人物被困于缺乏挑战的环境之中，由此产生幻觉以寻找充实生活之活力；莎士比亚通过《哈姆雷特》描绘了主人公的内心挣扎和勇气。[15] 所有这些人物在他们的作品中都展现出了活力，而这种活力已成为现代生活的一部分。

同样重要的是，人们普遍产生了自我表达的渴望，这种渴望表现为前所未有的冒险精神。丹尼尔·笛福的《鲁滨孙漂流记》便是一个早期例证，这本书讲述了一个年轻人通过航海来展示自己的独立性。越来越多的作曲家如克劳迪奥·蒙特威尔地和亨利·普赛尔，以及画家如克劳德·莫奈和威廉·透纳试图通过他们创作的作品来寻求自我表达。

然而，对创新的渴望并不足以创造出商业上成功的新方法和新产品。拥有正确的价值观是实现创新所必需的条件之一，但并非充分条件。例如，在生产过程中引入更先进的设备或者生产更优质的产品的渴望，只有在构思出相应的生产方法后才能实现。于是，启蒙时代到来了。

启蒙运动在18世纪后半叶首次使人们认识到设计一种新生产方法所需要的条件。哲学家大卫·休谟认为理论想象是推动理论知识进步的关键：他在1748年出版的《人类理解研究》一书中解释说，新的知识并非完全源于对世界和现有观念的纯粹观察。我们的知识从来都不是一个完全封闭的系统，因此独创性可能会打破这个系统。新的知识始于想象系统中尚未研究过的部分可能会如何运作。（这种想象可能由某一项发现激发，但并非必须依赖发现。）[16]

早期的美国是一个人口不断增长的国度，托马斯·杰斐逊同样倡导建立一种经济模式，使参与者能够自由经营独资企业并从事基层创业。这种个人主义、活力主义和自我表达成为西方核心信仰的重要组成部分。然而，杰斐逊更进一步表明：

> 他以不朽的名言"生命、自由和追求幸福"向当代美国人灌输了两个主张：一个主张是每个人都有道德权利去追求自身幸福……另一个主张随后被索伦·克尔凯郭尔和弗里德里希·尼采进一步发展，即一种存在主义观点：真正的生活只能通过个人努力来实现。我们或许会找到，也可能找不到这种"幸福"，但我们必须去追求它。这两个主张是现代主义的缩影，与传统主义观点相对立，因为传统主义使个体服从于集体。[17]

20世纪见证了活力主义哲学家的崛起。在威廉·詹姆斯所谓的"流变哲学"中，他认为新颖问题和全新体验所带来的激情是美好生活的核心要素。而亨利·柏格森在他1907年的著作《创造进化论》中指出，人们被生命之潮所鼓舞，并描述了人们参与具有挑战性项目时经历的转变过程，即"创造"。[18]

19世纪，新价值观逐渐渗透到社会中，对许多参与者来说，这直接导致经济性质发生了变化。1924年，古斯塔夫·卡塞尔在他的著作《社会经济理论》中指出，在商业领域人们的"热情"有所增强，这种热情可能会进一步促进投资，从而推动资本存量进一步增长。更重要的是，追求新的生产方式和销售新的产品，给美国和其他几个国家带来了高水平的本土创新，这种创新不依赖于航海家和科学家的不断发现（而且远比这些发现的流动重要得多），对一个国家整体经济而言具有更大意义。这种创新通常渗透到整个国家经济，并带来了前所未有的经济增长（以全要素生产率增长衡量），其从19世纪70年代初开始，持续到20世纪70年代初。

越来越多的企业出现了更新经验带来的回报超过所获利润的现象，这一现象最终导致了19世纪普遍的工资上涨。对那些秉持推动本土创新、贯彻新价值观的国家中的许多人来说，这些价值观的出现引发了工作性质的深刻变化。精神激励、全新的冒险机会以及对未知事物的兴奋等都为创新者提供了养分，所有这一系列因素都有可能超越尝试失败的可能性。[19]用现在的术语来说，许多人在工作中实现了繁荣。

繁荣，不仅仅是繁荣

现代社会的繁荣源自于对新事物的体验，包括新情况、新问题、新见解以及需要进行开发和分享的新想法。显然，实现大规模繁荣需要广泛参与创新过程，即构思、开发和传播基层自主创新中的新方法和新产品。所有这些都是从基层开始的本土创新过程的一部分。

这种经济形态呈现出一个独特的世界，其中竞争不再是利伯维尔场①唯一的主题。它提供了广泛而多样化的就业机会，并赋予人们自主权和主动性。只有在现代国家，人们才能够广泛地冒险，探索未知领域。

当然，充满活力的经济也为繁荣提供了更广阔的机遇，因为人们所从事的活动可以获得越来越多的利益。它不仅使那些无论如何都会繁荣的人们能够以更快的速度繁荣起来，还使那些原本无法实现繁荣的人们实现繁荣。

换言之，从19世纪20年代的英国到20世纪60年代的美国，再到紧随其后的德国和法国，在现代社会充满活力的经济中产生的回报一直广泛存在，这便是19世纪和20世纪哲学家所构想的"美好生活"体验，其不仅仅是物质上"过得好"，即不仅仅是赚钱。

因此，《大繁荣》本质上论述了生活中新的可能性，即超

---

① 利伯维尔场是《国富论》中的一种经济形态。——译者注

越工作、储蓄和投资以获得安全和享受的可能性,并为现代经济带来了前所未有的体验,点燃了现代经济的火花。具有活力和冒险精神的人们为他们所在国家的经济注入了活力,这在很大程度上促进了本土创新,从而推动国家经济增长并使许多人摆脱贫困。尽管面临阻力,但现代经济仍在兴起。

此外,许多人积极参与到新方法和新产品的构思过程中,并从中获得了有意义的工作体验。到20世纪中叶,现代经济体中的大多数人开始关注"工作满意度",并深刻认识到有意义的工作能为人们提供和财富同等重要的巨大满足感。工作和职业充满活力,商人就会发挥创造力和想象力,从而获得成功。

《大繁荣》还讲述了现代主义与社团主义,以及现代主义与社会主义之间的斗争。正如书中所言:"本书第二部分讲述的世界历史都是现代主义和传统主义之间的较量,是从19世纪早期延续至今的没有尽头的伟大斗争。"[20] 在现代主义占据上风的地方,传统主义往往就会处于下风,然后现代经济就会发展起来,社会也会繁荣发展起来,比如英国和美国。

然而,随着传统主义的逐渐复兴和现代主义的逐渐衰落,西方各国的国家经济在不同时期出现了倒退。曾经普遍的繁荣景象几乎在所有地方都走向了终结,比如在20世纪20年代的德国，30年代的法国，40年代的英国，以及70年代的美国。（研究最近的一些政治运动是否与现代主义的衰落或传统主义的复兴有关，将是一件有趣的事情。）

激进的出发

这一创新理论首次在《大繁荣》中提出，并随后得到进一步阐述，其与传统的创新理论有着根本区别。几十年来，经济学家一直对独立于经济领域之外的新经济思想的概念感到陌生。20世纪初，以阿瑟·斯皮霍夫为首的德国历史学派明确提出了这一点，他们认为"科学家和航海家"的发现是经济发展的根本源泉。[21]

奥地利经济学家约瑟夫·熊彼特在其1911年的经典著作《经济发展理论》及1934年的译作中指出，新产品和新方法的涌现源于科学家和探险家的发现，但需要企业家去寻找商机，判断其商业价值，并筹集资金进行开发和销售。在这一过程中，商人并不具备创造力和想象力。事实上，熊彼特在其著作中曾感叹，他从未见过有创造力的商人！在这一关键点上，与德国历史学派（德国的斯皮霍夫和瑞典的卡塞尔）引入并由奥地利的熊彼特进一步发展起来的理论相比，《大繁荣》所概述的理论存在显著差异。[22]

读者现在应该已经明白,《大繁荣》中的创新理论的逻辑是,一个国家如果拥有足够合适的价值观,将为实现本土创新所需的活力提供必要动力,而本土创新是实现大众繁荣的必要条件。然而,这些必要条件尚不够完备,适宜的制度亦为必需。西方国家幸运的地方是,它们拥有政治自由和资本主义制度这些宝贵制度——前者源于英国的《大宪章》,后者始于14世纪的德国汉堡及15世纪的意大利威尼斯。西方国家摒弃了曾在墨索里尼统治下的意大利、魏玛共和国、纳粹德国、大萧条时期的美国和维希法国盛行的社团主义或威权主义,这些主义极大地限制了资本主义的发展。但值得注意的是,近年来社团主义再次抬头。(然而,仅凭自由主义与资本主义并不足够——这是许多评论家与经济学家似乎未察觉的一个重大问题。)

在我看来,《大繁荣》的主题提供了一个站得住脚甚至更具说服力的论点,用以解释人类历史上一个不寻常的现象——西方长达一个世纪的繁荣和(全要素生产率的)快速增长。然而,从另一个角度来看,这一历史论点为构建正规的创新理论奠定了基础,比如一个完整的国家创新模型,该模型可为现有模型做补充。

在构建正式的宏观经济模型时,设想一些处理新商业理念和选择采用这些理念过程中所使用的程序和制度，可能会有所帮助。当思考这个问题时，我联想到了中世纪的集市，在集市上买家可以选择从哪些卖家手中购买产品。有一天，我脑海里浮现出一个童话般的经济景象，在这种经济中，人们受到启发，想出一个新的产品或服务，并前往传统的集市"出售"他们的想法，他们在一个大的矩形或圆形场地中从一张桌子走到另一张桌子前，每位潜在的创新者都会接受生产商的面试。

我认为，可以利用现有的模型来验证这个萌芽模型的效力——通过使用斯皮霍夫-索洛模型进行验证，其中以科学进步作为驱动力，并随时间推移体现在"强迫函数"$f(t)$中；同时也可以利用阿吉翁-豪伊特模型进行验证，其中以公司的"研究活动"作为驱动力；或者将其引入综合模型，运用标准计量经济学方法来估计每个因果变量的相对权重。[23] 但是，一个国家相对于其他社会的价值观对其经济表现的重要性可以通过直接的方式来衡量。

评估现代价值观的影响力

随着我对文化的重要性，尤其是某些价值观的作用的兴趣不断增强，我开始思考通过家庭调查搜集有关价值观的数据，看能否提供哪怕是最微弱的证据来表明经济表现良好的国家具备某些高水平的价值观。倘若没有一些迹象显示，包括工作在内的经济表现看上去与调查报告的态度（至少在某种程度上）存在联系的话，我将会怀疑自己是否还应当继续进行《大繁荣》的研究。

2005年，我委托哥伦比亚大学的博士生莱彻·博吉洛夫和卢米尼塔·史蒂文斯进行数据搜集，以探究价值观对经济绩效的影响。尽管我们手头有大量的数据，但很少有数据能反映出我所期望的现代价值观。2006年7月，在资本主义与社会研究中心在威尼斯举办的第三届年度会议上，我发表了一篇名为《经济文化与经济绩效》的论文，其中包含了一些数据和结论。

有两个文化变量得分较高：一是"工作的重要性"，这一态度对参与率和失业率至关重要；二是"工作投入（或自豪感）"，这对生产力来说至关重要。在这方面，许多人认为欧洲人是勤奋的工匠，而美国人更加务实。因此，如果欧洲大陆在这两个方面的平均得分与其他国家相当甚至更好，我们将不会感到惊讶。我们的调查结果显示，欧洲大陆劳动者在这两个方面的得分较低："数据表明，在工作的重要性方面（c046），美国的得分0.17高于德国的0.11，加拿大的得分0.11高于意大利的0.08，英国的得分0.07高于法国的0.04。而在工作投入方面（c031），美国的得分2.87高于意大利的2.03，英国的得分2.80高于德国的1.79，加拿大的得分2.70高于法国的1.74。"[24]

我写道："我们可以从详细列出的实验结果中合理推断，一些文化属性确实在某个或多个方面影响着（一个国家的）经济状况……一个国家如果缺乏这些属性，就会在一个或多个方面拖累其经济表现。"[25] 在美丽的博登湖畔召开的2008年林道诺贝尔奖得主会议上，我还和卢米尼塔一起展示了我搜集的一些数据和我得出的结论。

对每种态度或属性对经济结果影响的统计估计，虽然并非没有意义，但其本身的重要性并不大。我们需要关注主要因素的重要性，而非琐碎细节的重要性。简化和汇总是必要的。我想知道，如果我们走向另一个极端，并构建一个指数来反映现代价值观，会发生什么。我们可能会发现，在现代主义指数相对较高的国家中，其通过一项或者多项指标（例如"平均工作满意度"）衡量的绩效水平也相应较高。就此而言，为何不考虑构建一个传统主义的指数呢？

在2012年提交给资本主义与社会研究中心的一篇题为《工作满意度：两种经济文化的影响》的论文中，我和莱彻·博吉洛夫采用了一种方法，针对18个所谓的发达国家构建了现代主义指数体系，然后研究其与平均工作满意度之间的关系。正如《大繁荣》一书所预测的那样，它们之间存在正相关。[26]

莱彻·博吉洛夫建议构建一个传统主义指数，他认为传统主义阻碍了现代主义的发展，因此也使我们无法获得现代主义带来的诸多益处，比如具有挑战性的工作和机会。我们所研究的18个国家的数据显示：传统主义指数与报告的平均工作满意度之间的关系是负相关。这进一步证实了书中表达的观点，即在现代主义势力强大的国家里，现代主义能够直接（如前文所述）或间接地消除束缚人的传统，从而提升工作满意度——来自追求新事物、发挥创造力以及探索未知世界。

总之，尽管《大繁荣》中现代价值观的三位一体——个人主义、活力主义和寻求自我表达——尚未得到令人满意的衡量，但对某些态度和信念的重要性进行的统计评估支持了以下论点：一个国家的现代价值观与某些传统价值观的弱化是高度活力的源泉，因此也是广泛的本土创新的源泉。

该书的主题，即一个拥有正确的价值观的国家（尤其是大国），有能力（在制度和其他条件允许的情况下）实现远超从国外引进以及国内外最新科学发现所带来的创新，对西方社会具有极其重要的意义。这意味着，一个国家如果大量丧失这些价值观,不仅会导致经济增长放缓,更重要的是,还会导致人们从职业生涯中所获得的满足感严重丧失。

检验我的本土创新理论

《大繁荣》一书的出版引发了一个问题,即书中的核心内容是美国、英国、法国以及斯堪的纳维亚地区的国家的创新很大程度上来源于劳动力的创造力,而非像德国历史学派(包括熊彼特)所主张以及各地经济学家所接受的那样,源自于科学进步和探险家的发现。那么,我们是否可以通过一次或多次计量经济学检验来验证这个观点呢?

对此,大约在2015年,我邀请拉莱彻·博吉洛夫、云天德和吉尔维·索伊加与我一起开展一个研究项目,以解答这个问题。(不出所料,团队成员的兴趣促使我们进行了相关的统计调查,并建立了一些新的模型。)最终的成果是《活力》一书,该书由哈佛大学出版社于2020年出版。[27]2017—2019年,我们通过纽约、雷克雅未克、巴黎和新加坡之间的四方电话会议,几乎每周都会讨论最新的研究成果。与索伊加、云天德和博吉洛夫的对话是我职业生涯中最具启发性的对话。每周我都能感受到挑战、困惑或惊喜所带来的兴奋感。我对他们付出的巨大努力，以及因看到现代价值观所蕴含的力量得到证实而带来的喜悦感心怀感激！

至少有三项发现对于我的创新理论至关重要。首先，莱彻·博吉洛夫的研究基于法国银行最近搜集的历史数据，探讨了全要素生产率增长的国家起源和跨国传播。其引述如下："一个显著的结果是，我们强调本土创新的重要性是有根据的，因为归因于科学发现的外源性创新在数量上并不占主要地位。"[28] 随着进一步的研究，这一结果可能会变得更加可靠。

其次，索伊加进行了价值观力量的统计调查，并估计了一组价值观中每个变量的解释能力，从中得出了一些令人满意的结果。他采用了20世纪30年代哥伦比亚大学的杰出学者哈罗德·霍特林提出的典型相关分析法，该方法在其他社会科学领域得到了广泛应用。索伊加发现，不仅"信任"这一价值观很重要（我认为它既非现代也非传统的价值观），而且"愿意主动出击、有职场追求、教导孩子独立以及接受竞争等价值观，都对经济表现有积极贡献……经济表现的衡量标准是通过全要素生产率增长、工作满意度、男性劳动力参与率和就业率来体现的"。[29] 然而，遗憾的是，在我们所能找到的数据中，更多具有现代主义特质的价值观并不存在。

从云天德对新古典增长模型中的两种类型机器人（加法

机器人和乘法机器人)的影响分析中,我们得到了一些重要的理论发现。他在关于机器人增长效应的章节中提到:"当劳动增倍型的乘法机器人出现时,尽管它们的直接影响是让传统机械设备库存下降……但实际工资并不一定会下降,因为机器人的乘法特性带来的劳动增强效应能够抵消这一影响。"[30] 他用更为乐观的态度研究了一个双部门模型,在该模型中,加法机器人(替代人类劳动力的机器人)的创造会刺激对传统设备的投资,进而促进本土创新。因此,一旦我们离开最初的双部门模型,允许进行本土创新和提高消费品部门生产率,该模型就暗示了加法机器人的引入将提高工资增长率。[31]

作为一位研究西方大国的经济学家,我非常欣慰地发现有证据表明价值观对本土创新起到了推动作用,并且还有证据显示,在本土创新程度较高的地区的工作满意度也相对较高。此外,我们还发现,在创新增加的地方,有相对较高比例的受访者表示他们感到"极其幸福"。[32]

很遗憾的是,在19世纪60年代初,美国经济首次出现惊人的增长势头,即便是在大萧条期间也未曾停歇,但在20世纪70年代初戛然而止。信息技术革命在1995—2005年这10年间确实带来了增长率的提升,但那种令人瞩目的增长至今仍未重现。博吉洛夫的计算结果显示,美国全要素生产率在

20年的周期里,从1919—1939年的0.381上升至1950—1970年的0.446,然后下降至1970—1990年的0.243和1990—2010年的0.302。[33]至于另一个20年的周期,1999—2018年的数据无疑还会更低。法国、德国和英国的全要素生产率增长更是大幅下滑。(很明显,新冠疫情并没有促进经济增长。)

西方国家的这种增长放缓不仅意味着工资增长率的减缓,还意味着投资回报率出现令人沮丧的下降。随着实际利率下降,股票价格和房价大幅上涨。结果,我们见证了财富现有价值的巨大增长,这可能会对劳动年龄人口的抱负和梦想产生影响。在这种长期增长放缓的情形之下,工作满意度必然大幅下降,进而影响到人们的幸福感。

同样重要的是,并非经济中的每个行业都或多或少地经历了相似的放缓,而是大多数经济领域出现了急剧下滑,而一些新兴产业,尤其是高科技行业,仍在持续增长甚至出现了新的增长。那么,为什么西方国家会失去曾经推动前所未有的创新的活力呢?显而易见的假设是,这些国家失去了产生这种活力所需的价值观,即乔瓦尼·皮科·德拉·米兰多拉、马丁·路德和塞万提斯,以及后来的大卫·休谟、亚当·斯密,再延伸至19世纪的人物思想中的现代价值观,而这些价值观在一定程度上取代了传统价值观。

能否重拾增长与繁荣

《大繁荣》在结尾呼吁西方主要国家重拾"高度活力——一种从底层到顶层、贯穿整个经济体的不断构思、试验和探索的创新精神"[34]。这不仅是对经济快速增长和实现大众繁荣的呼吁,也是对"大众繁荣"这一人文主义目标的追求,即社会经济中的人们都能从事有意义的工作并获得令人满意的回报。

因此,虽然低收入工人几十年来一直感到沮丧,因为他们看到自己的实际工资率几乎没有上升或根本没有上升,但高收入工人也在过去50年西方经济近乎停滞的过程中感受到了工作满意度的丧失。

对这些出现衰落的西方国家来说,能否在不付出过多代价的情况下采取一些措施来促进增长和增加繁荣呢?也许可以,但政治和理论上的问题正在阻碍我们。

在政治领域,西方社会已经涌现出一系列亟待社会和政策制定者关注的挑战。其中,最古老且棘手的问题之一便是低收入劳动者的薪资之低令人发指。此外,在招聘和晋升中存在的种族歧视、性别歧视以及对性少数者的歧视也是不小的挑战。这些挑战长期以来一直难以应对,因为歧视的证据往往很难获得，因此在这个问题上有很大的改进空间。或许，少数族裔、女性和性少数者中的人才能够在引领西方社会走出困境的过程中发挥重要作用。

近年来，一个新的挑战已经出现，特别是在美国以及英国、法国和其他的一些欧洲国家。许多工人阶级所拥有的技能并不太适合信息经济，因此，收入相对较低的个人对非白人和外国人的竞争感到不满，而这种竞争源于移民和教育的长期发展。此外，这些人中的许多人可能还对亚洲生产力的惊人增长感到担忧，这导致西方与东方之间的贸易条件大幅下滑。还有很多人对人工智能的发展感到担忧。因此，他们害怕收入和社会地位会绝对下降。

当然，还有一个巨大的问题，即全球变暖，更广泛地说，是气候变化。它已经开始对地球和地球上的人类造成巨大的损害。这本身就是一个巨大的挑战：阻止全球变暖的进一步加剧，并在很大程度上扭转最近的气候变暖趋势。然而，在一个充满活力的社会中，我们可以继续在熟悉的行业范围内做出创新举措，同时将其他资源投向可再生能源、环境保护等方面。

另一个挑战是信息技术革命引发了大规模垄断，这是近几十年来美国和其他主要经济体（英国、德国和法国）增长半停滞的重要原因之一，尽管并非唯一原因。生产率增长放缓导致企业资本回报急剧下降，进而引发回报率大幅下降，资本存量和实际工资增长显著放缓，家庭积累的储蓄面临微薄的实际利率，房屋或其他可能购买的资产价格上涨等；此外，还有一个极其重要的问题——工作满意度大幅下降。

人们出于不同目的对政府新举措有多方面需求，显然西方国家难以完全满足所有要求政府干预的呼声。其征税能力无法满足这些需求。通过新的公共支出、补贴、减税和由此产生的财政赤字来填补所有缺口，很快会进一步拖慢增长速度，直到资本存量达到较低水平，并降低工资增长速度。

在理论层面上，问题可能相当复杂。例如，将增长与繁荣理论中的现有要素整合为一个计量经济学模型，并确定各种决策工具的变化对增长与繁荣的影响可能十分困难。因此，假设我们能够确定这些工具的"最佳"设置，就像我们一致同意最大化"社会效用函数"一样，是不切实际的幻想。我们可能无法找到已被证明有效的政策组合，更不用说最佳组合了。

在《就业、利息和货币通论》中，凯恩斯幸运地发现了一种政府工具——公共支出，这种工具似乎能够对已经低迷的总需求水平产生反作用。这在美国大萧条中得到了验证，并且在以后的许多次实践中也被证明是正确的——尽管并非总能达到预期效果。在其他原因导致失业出现的情况下，例如当煤矿开采或钢铁制造业衰退时，增加总需求可能会无效。事实上，在英国失业率相当高的早些年，人们对于公共支出是否会带来显著帮助存在疑虑，因为任何需求的增加都可能流向其他国家，尤其是考虑到英国是一个规模较小、经济开放的国家。[35]

在当前背景下，一些经济学家的理论直觉也会指出（如果接受过相关训练），必然存在一些鼓励创新的政策行动。然而，这些政策行动将是什么呢？国家的决策者需要权衡成本和收益，并进行综合考虑，社会能否就采取的政策组合达成共识？

然而，正如狄更斯所言，希望始终存在。在一个自由社会中，人们的特质和价值观很大程度上决定了他们的潜力和能否成功。如果西方社会能够重新拥抱文艺复兴和启蒙运动的价值观，或者重新发现这些价值观，并消除阻碍大众持续创新的障碍，那么这种复兴将创造奇迹：西方国家将重获快速增长和大众繁荣。可以预见，这有望终结引发公众讨论并导致西方国家陷入低迷的社会紧张局势。

此外，即使一家公司在寻求赢得新市场时失败了，但如果其员工能够从参与该项目中获得回报——无论是个人的成长还是冒险的体验，这种繁荣就不会完全丧失。这正是社会所期望的。此外，人们可以依靠自己的主动性去尝试创造属于自己的生活，这一点将在下文提及。

回顾过去

我过去 20 年的工作成果最终汇集于《大繁荣》和《活力》两本书，我深刻地认识到其重要性——尽管可能不及我在微观经济基础上探讨失业理论或者经济正义和结构性衰退方面所做出的贡献。然而，在过去，我的贡献总是建立在他人理论之上：凯恩斯的失业理论、索洛的增长模型、罗尔斯的经济正义理论甚至哈耶克关于消费紧缩性的观点等。我一直在他人理论的基础上添砖加瓦，却从未构建过自己的理论。直到在《大繁荣》一书中，我终于发挥了自己的创造力——我们每个人都拥有不同程度的和具有可塑性的创造力，提出了一个全新的关于国家创新和由此带来幸福感的理论——与熊彼特和新古典主义中的增长与工作生活理论截然不同。我觉得自己就像约翰·济慈笔下的科尔特斯，"站在达利安高峰上沉默"。

斯皮霍夫和熊彼特的新古典主义观点在很大程度上被融入索洛和特雷弗·斯旺所建立的模型，这些观点似乎已不足以解释经济增长，更严重的是，它也不再能描述人类的幸福以及人们如何在"让花园生长"的过程中创造幸福。正如伏尔泰在他的剧作《老实人》中所表达的那样，工作活动是实现幸福的基础。几年前的一个星期天，我在与朋友共进午餐后，高兴地唱起了由伦纳德·伯恩斯坦谱曲、理查德·威尔伯填词的《老实人》的最后一段咏叹调和二重唱。或许威尔伯曾在哈佛诗歌课上教授过伯恩斯坦。在歌曲中，赣第德对库内贡德[①]唱道："让我们在生命结束之前去理解生活的意义。我们不纯洁，不明智，也不善良，但我们会尽我们所能。我们将建造房屋，砍下木材，耕耘花园，让花园生长。"

《大繁荣》中所讲述的故事以及《活力》中所研究的内容显示，经济学不应只是局限于以资本、就业和国民收入等为要素的标准理论，它在工作与休闲、当前与未来消费之间的权衡，以及它的选择行为模型。它不应止步于对失业、增长、创新、经济正义和其他现象的成因和影响的理解，而应该走出这些标准领域（以及其他领域），去探索一个未知领域：工作的多重回报——与他人共同参与带来的个人成长、成功的喜悦、创造某物的兴奋感，以及克服困难、投入工作、积极主动、参与冒险和追求新事物所带来的自我发现。在理查德·罗伯的著

[①] 赣第德和库内贡德都是《老实人》中的角色。——编者注

作《决策背后》中,他描绘了"员工和企业家在经济生活中的'竞技'"。[35]

我要指出,这些工作经历不仅是一个国家经济中本土创新的重要投入,也是经济增长的一个重要来源。它们本身就是宝贵的财富,并且其价值无法估量。可以想象,在这样一种经济环境下,成熟的企业会定期为全职员工提供办公空间,以激发他们的创造力,让他们构思新事物,就像提供娱乐设施来促进体育锻炼一样。以创造力为导向将成为普遍而广泛的趋势,为员工提供此类设施将成为福利待遇的一部分。

如果经济学家接受了这一切,毫无疑问这将会使他们对标准经济理论进行重大扩展。例如,大多数工作将被视为效用的一个来源,而非负效用的主要来源。这种对标准理论的扩展有望为当今经济政策的制定带来更广泛的条件,并催生出一系列新的经济政策,旨在承认那些被广泛忽视的经济生产成果。大多数人工作只是为了生存这种粗略的简化概念,将会被人们为了继续工作而生活这样的观念所替代。

我构想并成功发展的这一理论给予我的满足感,超过我在经济学领域做出的任何其他贡献。在此之前,我从未有过与内心如此契合的体验。而且我深信创新和享受美好生活的理念是让人无法抗拒的,它们正在逐渐融入现代经济思想。2021

年11月,在大都会歌剧院观看《纽伦堡的名歌手》时,我深受感动,哽咽着向埃里克·马斯金表示:"瓦格纳曾努力让他的新音乐得到认可,而我曾努力让我的创新理论得到认同。"马斯金回答道:"是的,你和瓦格纳都成功了。"

尾 声

我的经济学之旅始于兰德公司,随后我前往耶鲁大学的考尔斯基金会,其间曾短暂地在麻省理工学院和伦敦政治经济学院工作和交流,之后我又去了宾夕法尼亚大学,后来的 50 年在哥伦比亚大学度过。在这 60 年里,我有幸愉快地过着充满智慧的生活。现在来讲述我的"个人奋斗与学术政治"历程,也是一次非凡的体验。[1]

在这本书的许多地方,我都提及了对于自己在 20 世纪 60、70 年代早期,90 年代后期以及过去的 20 年里收获颇丰的喜悦之情。在这本书的结尾,我试图表达我从无到有构思了一种新理论所产生的深深满足感。

然而,回顾这段经历,我认为在短短的篇幅里不可能对所有这些主题都做出公正的评价，很多观点还有待进一步观察。

不断扩大的新圈子

如果不与善于产生新创意的团队成员共同思考和工作，那么在几周或数月内构思出一个新创意是不可能的，进而从中获得满足感更不可能。在我作为经济理论家的职业生涯中，令人满意的不仅仅是偶尔有了令人兴奋的想法并因此获得认可，还有与志同道合的同事共同竞争、共同探索，从而获得团队荣誉感。

来自他人的支持感，即使只是来自少数人的支持感，也极为重要。随着时间流逝，很多事情变得云淡风轻，但与人相处时的那些记忆深深印在我的脑海里。如果没有在早年时获得的支持感，没有一路同行者之间的默契或赞赏，很少有人能够行以致远。

1954年的夏天，当我刚刚成为经济学家时，克拉丽斯·索普和埃米尔·德斯普雷斯在梅里尔经济研究中心就给了我极大的鼓励，这种鼓励一直伴随了我几十年，尽管我们的会面并不多。当我还是耶鲁大学的研究生和助理教授时，我从威廉·费尔纳和古斯塔夫·拉尼斯那里得到了鼓励。费尔纳在我读研究生时单独给我上了一堂关于哈耶克的课,当我在考尔斯基金会工作时,他又不断给我补充了奥地利学派和德国历史学派的知识。1965 年,拉尼斯和我一起参加了在维也纳举办的世界大会,并驱车从纽黑文前往扬基体育场,在那里,我们看到了米奇·曼托向右场的令人难以忘怀的强力一击。要不是因为他打得太远、太高,打到了新球场右外野的灯光板上,这记本垒打就会成为扬基体育场历史上唯一的极其出色的出界外本垒打。我既获益于他们的欧洲背景,也获得了他们的鼓励,他们对我的探索和好奇心表示赞赏,这让我备受鼓舞。

在后来的岁月里,我偶尔会和阿马蒂亚·森见面,聊一聊我们的工作。也因为他,我认识了约翰·罗尔斯,并通过罗尔斯认识了托马斯·内格尔。能够成为他们建立的这一圈子中的一员,我深感荣幸,也备受鼓舞。从 20 世纪 70 年代初到 90 年代末,我所做的一切大都离不开从他们身上学到的东西。我能从我们的通信和我们在纽约为数不多的会面中感受到罗尔斯对我工作的赞赏,就像他能从我的著作中看到我对他工作的赞赏一样。(后来,获得罗尔斯奖的一位学者拉里·尤德尔在 2019 年秋天告诉我,在罗尔斯所读的与经济有关的学术论著中，我的书似乎是最多的。）罗尔斯的支持对我来说意义相当重大。

在过去的20年里，同时代的人对我的支持是非常宝贵的。保罗·萨缪尔森告诉我，他的书柜里一直摆放着我的《有益的工作》一书；罗曼·弗里德曼在一次通话中提到了我的"遗产"——以微观为基础的宏观经济学；理查德·罗伯在他的《决策背后》一书中写道："埃德蒙·费尔普斯在资本主义与社会研究中心主持课题项目，他打算为现代世界重新构建经济学……来描述真实的人类，他们不仅是获取者和风险规避者，而且是探究者和冒险者，有时会大胆跳进未知领域。"

到20世纪90年代，一个新的经济学家圈子已经形成，颇似20世纪20年代的维也纳学派和30年代的剑桥学派。其成员摆脱了新古典理论的各种各样的束缚，许多人受到了弗里德里希·尼采、威廉·詹姆斯、亨利·柏格森、卡尔·波普尔等现代哲学家思想的影响。托马斯·谢林在理解市场上的信任和其他现象方面的独特见解鼓励经济学界进行更广泛的思考。20世纪60年代的微观-宏观研究使我与西德尼·温特一起进入了现代主义圈子。罗曼·弗里德曼凭借20世纪70年代和80年代对"不完美知识"下预期的研究也成为这个圈子中的一员。约瑟夫·斯蒂格利茨则通过构建不对称信息的模型为这一知识领域做出了贡献。乔治·阿克洛夫和罗伯特·席勒凭借他们在21世纪前10年关于"动物精神"的宏观研究进入了这个圈子。而罗伯特·蒙代尔在2019年通过他对股票价格中"叙事"作用的后续宏观研究进一步做出了贡献。理查德·罗伯以其关于人们"自愿"决策的全新微观理论进入了这个圈子，他的理论也于2019年发表。本杰明·弗里德曼在2021年发表的关于启蒙运动的影响的著作使他成为我们中的一员。当然，我可能遗漏了现代主义圈子中的其他成员。在这些人物中，可能有人从未与其他志同道合的人共处一室，但是，当我在进行汇总时，我想起了阿马蒂亚·森在他的回忆录《四海为家》中说的一句话："我们拥有的亲密友谊会远超于我们的直接圈子。"

这个理论家圈子所形成的共同方向感，对我们所有人工作的持续开展至关重要。当然，对我来说重要的是，我知道其他人也沿着这些人文主义和现代的方向前进，他们同样也必须捍卫自己的工作，否则就会受到忽视。

我聆听了杰弗里·萨克斯关于"自然增长率为常数"是错误观点的演讲，探讨了彭蒂·库里给我看的关于"实际工资刚性为实际需求变动改变就业所带来的空间"的笔记，并与约瑟夫·斯蒂格利茨就"自然增长率是否随着工资的增减而增减"的话题进行了交流。毫无疑问，其他一些20世纪80

年代产生的观点，对于我与云天德和吉尔维·索伊加合著的《结构性衰退》一书中提出的就业理论，在一定程度上起到了推动作用。

哥伦比亚大学资本主义与社会研究中心自2001年起逐渐成形，保罗·沃尔克逐渐成为该中心的非正式成员，同时也是我的亲密朋友。2004年，他主持了我们首届大会结束时的圆桌会议。2009年2月，他在金融危机后的第六届年会上发表了午餐演讲；克里斯蒂娜·拉加德和卢卡斯·帕帕季莫斯也在会上发表了演讲。2009年12月，沃尔克还在第七届年会上发表了"危机后的政策"的主旨演讲，那一届年会在德意志银行19世纪80年代的办公楼里举行，会后的派对在门顶上矗立着胜利女神铜像的勃兰登堡门下举行。在沃尔克生命的最后10年里，我有幸经常见到他，几乎直到他生命的尽头，我们欣赏彼此的独立精神。有一天，我在午餐时问他是否离开了民主党，他立刻回答说："是民主党离开了我！"后来在麦迪逊大道长老会教堂举行的沃尔克追思会上，似乎经济界、银行界和政府艺术部门的所有人都到场了。斯人已逝，薪火永传。

我们在该中心的工作仍在继续。当我开始着手构建新的创新理论时，我与理查德·罗伯见面了，于是我们开始了几乎每周一次的经济理论对话，这种对话一直持续到今天。能够与一位拥有亚里士多德、克尔凯郭尔、尼采、陀思妥耶夫斯基以及威廉·詹姆斯那般丰富学识的人探讨我的项目中出现的问题，让我更能够心无旁骛地笃行致远。我们都非常推崇自我表达，雅克·巴尔赞的《从黎明到衰落》是我们共同喜欢的一本书。毫无疑问，当我试图在工作情景中获得本土创新带来的满足感时，罗伯对我帮助很大。如果没有罗伯，《大繁荣》这本书不会有如此深远的影响。在一次书友会上，他甚至将自己的著作《决策背后》描述为《大繁荣》的"前传"。

在那个激动人心的年代，我觉得我们——《活力》一书的合著者以及理查德·罗伯——乃是一场运动的一部分，而这场运动旨在将经济理论从其长期的传统的束缚中解放出来。理查德·桑内特的《新资本主义的文化》一书也是这场运动的一部分。我当时就感觉到，这场运动中的所有人都对文艺复兴时期兴起的人文主义给予了高度评价，这种人文主义提倡独立和个人话语权，呼吁人们从事具有能动性的工作，而不是新古典主义模型所描述的机械式生活。我们都崇尚探索和创造新事物的生活——这种人文主义呼吁人们更多地关注非物质回报。当时我就知道，我们对现代主义也同样推崇备至，因为现代主义承认，经济活动中的参与者（包括经济学家）并不完全了解现在或未来，甚至在某些情况下也缺乏对自己有益的自我认识。

2010年理查德·桑内特的加入，2015年菲利普·霍华德的加入，使资本主义与社会研究中心在新的方向上又迈出了一步。在理查德·罗伯和我的带领下，该中心在2010年后成为许多新工作发展或首次展示的地方。共同的兴趣爱好以及所写图书的内容的重叠，让罗伯和我走到了一起，就像几十年前弗里德曼和我走到一起一样。为进一步验证其观点而留待未来开展的统计和计量经济学工作，2013年《大繁荣》出版后，莱彻·博吉洛夫、云天德、吉尔维·索伊加与我一起于2015—2019年在该中心开展了一个大型研究项目，最终于2020年出版了《活力》一书。

在《大繁荣》和《活力》这两本书出版后的几年里，我在本篇开头提到的思想家圈子不断扩大。从2010年到现在，越来越多的思想家认识到，一个国家涌现出的创新在很大程度上源于广大民众。对大多数人而言，美好生活涉及与他人合作，共同构思新的解决方案，创造新的事物或新的有价值的服务，从而直接或间接地通过经济活动提供给其他社会成员。

多年来，我们欣喜地看到，经济学家开始接受本土创新，甚至是"普通大众"创新的理念，以及在创造的过程中工作经历是美好生活不可或缺的一部分的理念。这是我们自我标榜的创造性标志。

展望未来

如果不是遭遇某种危机或多重危机,这个圈子在接下来的 10 年甚至更长的时间里,有望进一步扩大。随着经济学界思想发生的巨大变化,我们这一代(以及更早的一代)经济学家所传授和应用的新古典理论(仅针对凯恩斯的不完美信息和奈特氏不确定性进行了调整),将被认为对经济学家解决诸如"工作满意度进一步严重下降"或"经济增长长期放缓"等问题没有什么实际用处。我在《大繁荣》结尾处呼吁西方主要国家重拾它们的活力,这是对繁荣发展的呼唤,也是对恢复经济大幅度增长的呼唤。

将广泛参与创新和解决问题所带来的繁荣纳入其中的经济学是一种新的经济学或政治经济学,它必须成为规范化的教学,以便向学生传授有关经济能够提供什么以及如何运作的知识。新古典理论仍可用于解决贸易战、罗尔斯式不公平和垄断势力等经典弊病,但这种新的经济学将解决本土创新的重要性问题及其带来的有意义的工作。

为了维护我们的自尊,我们经济学家必须进一步阐述和发展一种经济学,承认有意义的工作所带来的非物质回报:挑战和成就,以及参与经济、社会主要活动的意义。简而言之,我们需要一种融合了繁荣现象的经济学。凭借这样一种经济学,我们就能终结在我们职业中时而出现的可怕、粗俗的现象。

为你呈现一本关于我一生工作历程的图书,我非常激动——这是我作为经济理论家的职业生涯的学术成就及遗产:为失业理论打下了更坚实、更完整的基础,建立了罗尔斯公平经济模型,对凯恩斯与哈耶克的计量经济学进行了检验,推翻了标准增长理论所依赖的熊彼特创新理论,并将有意义的工作和美好生活注入了经济理论。

在撰写这本书的过程中,我特别高兴能带领年轻读者回顾我那一代的经济理论家,例如戈特弗里德·哈伯勒、琼·罗宾逊和约翰·希克斯这一代人,他们都是我有所接触的人;还有保罗·萨缪尔森、肯尼斯·阿罗、托马斯·谢林和罗伯特·索洛这一代人,他们都是我熟悉的人;还有我认为是"我这一代人"的罗伯特·蒙代尔、阿马蒂亚·森和罗伯特·卢卡斯,我与他们都有过交流互动或相互回应。当然,在他们之后又出现了许多杰出的人物。

我很喜欢在这本书中讲述我与这些经济理论界开创性人物中的大多数（如果不是全部的话）曾经有过的一些令人难以忘怀的交流和听到的一些评论。当然，最有趣也最令人愉快的，是我们之间的分歧而非意见一致之处。我希望这些交流和趣闻能让过去的这些伟大人物和他们引发的争论鲜活地展现在大家面前。

当我在这本书中传达我关于人们在商业世界中发挥创造力构思新方法和新事物的理论时，我越来越意识到，这一理论不是偶然发现的：它需要想象力，在构思这一新理论的过程中，我也在发挥自己的创造力。有些读者可能会把这本书看作我个人发展的故事，就像托马斯·曼的"德式教育小说"详释主人公的成长历程，而不仅仅是我过去60年里在经济理论争议中所扮演角色的记录。但如果这些读者能从我的故事中得到启发，那也令我感到欣慰。

我更加深感欣慰的是，如果本书所讲述的关于本土创新的创造力理论的诞生传奇（最重要的是它给那些从事创新的人带来的工作回报）能够激励阅读本书的经济学家加入这一新理论所设想的革命，如果读者能够在本书中更深刻地认识到经济理论在过去60年中取得了多大的成就，以及它对社会的贡献还会有多深远，那么这本书的价值就更加不言而喻。

随着我与经济理论的互动故事到此结束，也许会有人好奇地问，我是否还会重新出发？我希望继续尽我所能地观察这个世界，并找到关于新发展的话题。我从许多一直工作到晚年的作家和作曲家身上汲取了一些灵感，这让我受到鼓舞。目前来看，我似乎没有理由停下来。我的期望是，会有新的问题需要解决，幸运的话，也会有新的想法带来新的答案。

致　谢

2020年初夏，当我开始着手这本书的写作时，正值新冠疫情颠覆了我们的生活。没有了便利的办公室，我只能在家中狭小的书房里工作，只能通过电话和视频通话与他人交流，这些都增加了写作的难度。在2021年9月资本主义与社会研究中心的20周年会议和其他事务结束之后，我于2022年1月底总算完成了终稿。鉴于这个过程需要克服诸多困难，我对于那些支持和帮助我写这本书的人格外感激。

我的妻子薇薇安娜几乎每天都在处理五花八门的事务，以各种方式帮助我完成这个项目，这可不是一件小事。几十年来，我几乎从未在家工作过，现在却要努力适应这种工作方式。薇薇安娜和我一起回忆我们共同生活中的事件和全过程。每当我进展停滞或忧虑升起时，她都能感同身受。幸运的是，当发生好事时，她和我可以立即跳起来庆祝。毫不夸张地说，在这般困难的情况下，如果没有薇薇安娜的支持，这本书是不可能写完的。

在这本书创作伊始，我请我的同事兼密友，经济理论家、统计学家和哲学家理查德·罗伯阅读文稿的章节。他的评论给了我一些积极的鼓励和重要的纠正。我们的和谐与默契让我感觉行走在正确的道路上，实际上这也是让我感知到自己正在取得进展的唯一路径。在最后一章和尾声中，当我开始远离现有经济学的正统观念时，罗伯支持并鼓励我坚持自己的立场。

我无法想象，如果没有将编辑和研究工作交给我的助理凯瑟琳·皮库拉，我能否完成这本书。皮库拉是一位诗人和插花艺术家，她也曾在纽约大学教授过诗歌，并在克诺夫出版社当过实习生。在每一章的草稿完成后，她都能从中发现许多错误，包括事实错误和语法错误，以及审阅每一章草稿的有效性。没有她的贡献和耐心，我怀疑我无法坚持到底。当完成初稿时，我们共同欢呼雀跃。

此外，莉齐·费德尔森也给予我极大的帮助，她是我所领导的资本主义与社会研究中心的行政经理，同时也是一名舞蹈家和作家，最近还在《纽约客》上发表了文章。当新冠疫情迫使我在家工作时，费德尔森给我带来了我写作这本书所需的笔记本电脑和其他用品。2021年春天，我的学术休假结束后，我一边远程教授哥伦比亚大学的高级研讨班，一边进行这本书的写作。费德尔森负责管理视频会议，她惊叹道："奈德，你真是一位好老师！"当时我正在面对撰写第八章的艰巨任务，这句话让我备受鼓舞。

我还要感谢哥伦比亚大学出版社的编辑克里斯蒂安·温廷的贡献。他鼓励我在书中一开始就提到，作为经济学理论家，创造力对我的早期工作至关重要，而且在我摆脱主流经济学理论视角的过程中，创造力的运用甚至更加重要。温廷比我更清楚这本书最终的革命性意义。

在此创作过程中，有这么多人的鼓励和支持，我深感幸运！

附　录

表 A-1　书中论及诺贝尔经济学奖获得者名单

序号	获得者	国籍	获奖年份	首次论及位置	获奖形式
1	保罗·萨缪尔森	美国	1970年	引言	单独获奖
2	肯尼斯·阿罗	美国	1972年	引言	共同分享奖项
3	约翰·希克斯	英国		前言	
4	纲纳·缪达尔	瑞典	1974年	引言	共同分享奖项
5	弗里德里希·哈耶克	奥地利		前言	
6	佳林·库普曼斯	荷兰	1975年	引言	与列奥尼德·康托罗维奇共同分享奖项
7	米尔顿·弗里德曼	美国	1976年	前言	单独获奖
8	詹姆斯·米德	英国	1977年	第二章	与戈特哈德·贝蒂·俄林共同分享奖项
9	西奥多·舒尔茨	美国	1979年	引言	与阿瑟·刘易斯共同分享奖项
10	詹姆斯·托宾	美国	1981年	引言	单独获奖
11	乔治·斯蒂格勒	美国	1982年	引言	单独获奖
12	杰拉德·德布鲁	美国	1983年	引言	单独获奖
13	詹姆斯·布坎南	美国	1986年	第四章	单独获奖
14	罗伯特·索洛	美国	1987年	前言	单独获奖
15	罗纳德·科斯	美国	1991年	引言	单独获奖
16	加里·贝克尔	美国	1992年	引言	单独获奖
17	罗伯特·卢卡斯	美国	1995年	第二章	单独获奖

（续表）

序号	获得者	国籍	获奖年份	首次论及位置	获奖形式
18	威廉·维克里	加拿大	1996 年	第四章	与詹姆斯·莫里斯共同分享奖项
19	罗伯特·默顿	美国	1997 年	第四章	与迈伦·斯科尔斯共同分享奖项
20	阿马蒂亚·森	印度	1998 年	第一章	单独获奖
21	罗伯特·蒙代尔	美国	1999 年	第四章	单独获奖
22	詹姆斯·赫克曼	美国	2000 年	第五章	与丹尼尔·麦克法登共同分享奖项
23	乔治·阿克洛夫	美国	2001 年	第五章	与迈克尔·斯彭斯共同分享奖项
24	约瑟夫·斯蒂格利茨	美国	2001 年	第七章	与迈克尔·斯彭斯共同分享奖项
25	爱德华·普雷斯科特	美国	2004 年	第三章	与芬恩·基德兰德共同分享奖项
26	托马斯·谢林	美国	2005 年	引言	与罗伯特·奥曼共同分享奖项
27	埃德蒙·费尔普斯	美国	2006 年	/	单独获奖
28	埃里克·马斯金	美国	2007 年	第八章	与莱昂尼德·赫维奇和罗杰·迈尔森共同分享奖项
29	戴尔·莫滕森	美国	2010 年	第二章	与彼得·戴蒙德共同分享奖项
30	克里斯托弗·皮萨里德斯	英国	2010 年	第六章	与彼得·戴蒙德共同分享奖项
31	罗伯特·席勒	美国	2013 年	尾声	与尤金·法玛和拉尔斯·汉森共同分享奖项
32	达龙·阿西莫格鲁	美国	2024 年	第四章	与西蒙·约翰逊、詹姆斯·鲁滨逊共同分享奖项

注　释

引　言　成长岁月

1. 威拉德·索普的影响力相当之大，以至于他在德国遇到困境时，能够招募并派遣一支由肯约翰·尼斯·加尔布雷思、沃尔特·罗斯托和埃米尔·德斯普雷斯组成的团队。以上出自理查德·麦金齐和西奥多·A. 威尔逊对索普的采访，时间是1971年7月10日，地点为密苏里州独立城哈里·S. 杜鲁门图书馆。
2. 有些学生也很有趣。耶鲁大学生态学研究生弗雷德·普赖尔在东德做了一个多学期的研究后，回来讲述了他的悲惨遭遇。他因涉嫌窃取机密而被东德逮捕并关押。审讯他的人特别怀疑耶鲁大学图书馆Q室发生的事情，我们中的许多人都在那里为我们的一些课程进行了大量阅读。当普赖尔最终在一次囚犯交换中获释时，我们热切地聆听了他的故事，以及东德史塔西对我们在Q室所做事情的怀疑（2015年的电影《间谍之桥》讲述了谈判的戏剧性和普赖尔获释的悬念）。
3. 该论文发表在《耶鲁经济论文集》第一卷，这是一份新近获得资助的以博士论文为基础的论文期刊。

第一章　初出茅庐：储蓄与公共债务的"黄金律"

1. Edmund Phelps, "The Golden Rule of Accumulation: A Fable for Growthmen," *American Economic Review* 51, no. 4 (September 1961): 638–643.
2. 关于索洛-斯旺增长模型的更多信息，请参见 Robert Solow, "A

Contribution to the Theory of Economic Growth," *Quarterly Journal of Economics* 70, no. 1 (February 1956): 65–94; Trevor Swan, "Economic Growth and Capital Accumulation," *Economic Record* 32, no. 2 (November 1956): 334–361。

3. Edmund Phelps, "The Accumulation of Risky Capital: A Sequential Utility Analysis," *Econometrica* 30, no. 4 (October 1962): 729–743.
4. Edmund Phelps, "The New View of Investment: A Neoclassical Analysis," *Quarterly Journal of Economics* 76, no. 4 (November 1962): 548–567.
5. 阿默斯特学院最近的一段视频记录了弗罗斯特对肯尼迪的影响，以及弗罗斯特访问莫斯科时产生的裂痕。详见 The Last Speech. Directed by Bestor Cram (Boston, MA: Northern Lights Productions, 2018)。
6. "超额负担"似乎始于朱尔斯·德普伊，是阿瑟·庇古、弗兰克·拉姆齐等人在20世纪20年代和30年代的著作中的一部分。
7. 1921年投资产出比降至15%，1922年为16%，1923年为17%。参见 Òscar Jordà, Moritz Schularick, and Alan M. Taylor, "Macrofinancial History and the New Business Cycle Facts," *NBER Macroeconomics Annual* 31, no. 1 (2016): 213–263。
8. David Ricardo, *Principles of Political Economy* (London: John Murray, 1817).
9. 我想到的论文包括：Franco Modigliani, "Long-Run Implications of Alternative Fiscal Policies and the Burden of the National Debt," *Economic Journal* 7, no. 284 (December 1961): 730–755; Arnold C. Harberger, "Efficiency Effects of Taxes on Income from Capital," in *Effects of Corporate Income Tax*, ed. M. Krzyzaniak (Detroit, MI: Wayne State University Press, 1966), 107–117; Peter Diamond, "National Debt in a Neoclassical Model," *American Economic Review* 55, no. 5 (December 1965): 1126–1150。

10. 在新古典模型中，财富增长路径会因公共债务的增加而上升，也会下降，但不会降至低于或等同于其初始水平的新水平。换句话说，财富仍然会增加，但不如最初那么多。

11. Edmund Phelps, *Fiscal Neutrality Toward Economic Growth: Analysis of a Taxation Principle* (New York: McGraw-Hill, 1965). 另一篇文章更具可读性："Fiscal Neutralism and Activism Toward Economic Growth," in *The Goal of Economic Growth*, ed. Edmund Phelps (New York: Norton, 1969) and reprinted in Edmund Phelps, *Studies in Macroeconomic Theory*, vol. 2, *Redistribution and Growth* (Cambridge, MA: Academic Press, 1980), 185–199。

12. Edmund Phelps, *Fiscal Neutrality*, 38.

13. Edmund Phelps, *Fiscal Neutrality*, 39.

14. Edmund Phelps, *Fiscal Neutrality*, 40。然而，正如吉尔维·索伊加向我指出的那样，美联储最近购买证券会导致财富减少，从而抵消财政部造成的财富增长。有人认为，由此产生的利率下降会推高消费者价格，直至公众持有的实际现金余额回到原来的水平。届时，私人财富因其卖给美联储的证券金额而减少。货币理论研究者可能会记得，劳埃德·梅茨勒的经典著作《财政中立性》中就有这样的论述。参见：Lloyd Metzler, "Wealth, Saving, and the Rate of Interest," *Journal of Political Economy* 59, no. 2 (April 1951): 108。

15. Edmund Phelps, *Fiscal Neutrality*, 60.

16. Edmund Phelps, with Hian Teck Hoon, George Kanaginis, and Gylfi Zoega, *Structural Slumps: The Modern Equilibrium Theory of Unemployment, Interest, and Assets* (Cambridge, MA: Harvard University Press, 1994).

17. Edmund Phelps, "The Fantasy of Fiscal Stimulus," *Wall Street Journal*, October 29, 2018.

18. Bela Balassa, *The Theory of Integration* (Homewood, IL: Allen & Unwin, 1961).
19. Gustav Ranis, *Development of the Labor Surplus Economy* (Homewood, IL: R. D. Irwin, 1964).
20. Edmund Phelps, *Golden Rules of Economic Growth* (New York: Norton, 1966).
21. Edmund Phelps, *Political Economy: An Introductory Text* (New York: Norton, 1985).

第二章 新方向：不确定性与预期

1. Frank Knight, *Risk, Uncertainty and Profit* (Boston: Houghton Mifflin, 1921).
2. 同上。
3. Edmund Phelps, "The Accumulation of Risky Capital: A Sequential Utility Analysis," *Econometrica* 30, no. 4 (October 1962): 729–743.
4. Friedrich Hayek, *Prices and Production* (London: Routledge, 1933).
5. John Maynard Keynes, *The General Theory of Employment, Interest and Money* (London: Palgrave Macmillan, 1936).
6. 同上。
7. John Hicks, "Mr.Keynes and the 'Classics': A Suggested Interpretation," *Econometrica* 5, no. 2 (April 1937): 147–159.
8. 经典参考文献是 W. A. Phillips, "The Relation Between Unemployment and the Rate of Change of Money Wage Rates in the United Kingdom, 1861–1957," *Economica* 25 (1958)：283–299。
9. 1967年8月，我就此撰写的论文《随时间变化的最佳就业和通货膨胀》作为考尔斯基金会第214号讨论文件首次传阅，随后由伦敦政治经济学院发表："Phillips Curves, Expectation of Inflation

and Optimal Unemployment Over Time," *Economica* 34, no. 135 (August 1967): 254–281。

10. Peter Howitt, "Edmund Phelps: Macroeconomist and Social Scientist," *Scandinavia Journal of Economics* 109, no. 2 (March 2007): 203.

11. Axel Leijonhufvud, *The Economics of Keynes and Keynesian Economics* (Oxford: Oxford University Press, 1968).

12. Edmund Phelps, "A Theory of Money Wage Dynamics and Its Implications for the Phillips Curve" (University of Pennsylvania Discussion Paper No. 47, University of Pennsylvania, February 1968); Edmund Phelps, "Money-Wage Dynamics and Labor-Market Equilibrium," *Journal of Political Economy* 76, no. 4, pt. 2: Issues in Monetary Research (July-August 1968): 678–711.

13. 作者提到了两部得出相同结论的著作：Edmund Phelps, "Phillips Curves"; Milton Friedman, "The Role of Monetary Policy," *American Economic Review* 58, no. 1 (March 1968): 1–17。

14. *Microeconomic Foundation of Employment and Inflation Theory*, ed. Edmund Phelps (New York: Norton, 1970).

15. Keynes, *General Theory*, 156; Friedrich Hayek, *Individualism and Economic Order*, 3rd ed. (Chicago: University of Chicago Press, 1958), 38–39，该书最初出版于 1948 年。

16. Philip Cagan, "The Monetary Dynamics of Hyperinflation," in *Studies in the Quantity Theory of Money*, ed. Milton Friedman (Chicago: University of Chicago Press, 1956), 25–117.

17. Edmund Phelps, "Introduction: The New Microeconomics in Employment and Inflation Theory," in *Microeconomic Foundations*, 22.

18. Edmund Phelps and Karl Shell, "Public Debt, Taxation, and Capital Intensiveness," *Journal of Economic Theory* 1, no. 3 (October 1969): 330–

346; Edmund Phelps and Edwin Burmeister, "Money, Public Debt, Inflation, and Real Interest," *Journal of Money Credit and Banking* 3, no. 2, pt. 1 (May 1971): 153–182; and Edmund Phelps and Robert Pollak, "On Second-Best National Saving and Game-Equilibrium Growth," *Review of Economic Studies* 35, no. 2 (April 1968): 185–199.
19. Edmund Phelps, "Population Increase," *Canadian Journal of Economics* 1, no. 3 (August 1968): 497–518.

第三章 失业、工作回报和就业歧视

1. Edmund Phelps, *Inflation Policy and Unemployment Theory: The Cost-Benefit Approach to Monetary Planning* (New York: Norton, 1972), 17.
2. Phelps, *Unemployment Theory*, 113–114.
3. 我首次在我的教科书中使用这个词，*Political Economy: An Introductory Text* (New York: Norton, 1985), 44.
4. John Rawls, *A Theory of Justice* (Cambridge, MA: Belknap Press, 1971), 440.
5. Phelps, *Unemployment Theory*, 239.
6. Edmund Phelps, "Phillips Curves, Expectations of Inflation and Optimal Unemployment Over Time," *Economica* 34, no. 135 (August 1967): 254–281.
7. Phelps, *Unemployment Theory*, 238–249.
8. Phelps, *Unemployment Theory*, 244.
9. Phelps, *Unemployment Theory*, 245.
10. Phelps, *Unemployment Theory*, 246.
11. 托马斯·内格尔安排我在美国哲学协会年会上发表演讲，该演讲后来发表于"Justice in the Theory of Public Finance," *Journal of Philosophy* 76, no. 11 (November 1979): 677–692。
12. Phelps, *Unemployment Theory*, 25–26.

13. Phelps, *Unemployment Theory*, 659.
14. Phelps, *Unemployment Theory*, 25–26.
15. Edmund Phelps, "The Statistical Theory of Racism and Sexism," *American Economic Review* 62, no. 4 (September 1972): 659.

第四章 利他主义和罗尔斯正义

1. Edmund Phelps, "Introduction," in *Altruism, Morality and Economic Theory*, ed. Edmund Phelps (New York: Basic Books, 1975), 2.
2. Phelps, "Introduction," in *Altruism*, 3.
3. Kenneth Arrow, "Gifts and Exchanges," in *Altruism*, 21–22.
4. Peter Hammond, "Charity: Altruism or Cooperative Egoism," in *Altruism*, 130.
5. Edmund Phelps, "The Indeterminacy of Game-Equilibrium Growth in the Absence of an Ethic," in *Altruism*, 101.
6. Jerome Foss, "The Hidden Influence of John Rawls," *First Principles*, no. 61, September 22, 2016.
7. Edmund Phelps, "Taxation of Wage Income for Economic Justice," *Quarterly Journal of Economics* 87, no. 3 (August 1973): 331–354.
8. James Mirrlees, "An Exploration in the Theory of Optimum Income Taxation," *Review of Economic Studies* 38, no. 2 (April 1972): 175–208.
9. John Rawls, "The Priority of Right and Ideas of the Good," *Philosophy and Public Affairs* 17, no. 4 (Fall 1988): 257n7.
10. J. A. Ordover, "Distributive Justice and Optimal Taxation of Wages and Interest in a Growing Economy," *Journal of Public Economics* 5, no. 1–2 (January–February 1976): 139–160.
11. Edmund Phelps and J. A. Ordover, "Linear Taxation of Wealth and Wages for Intergenerational Lifetime Justice: Some Steady-State Cases," *American

Economic Review 65 (September 1975): 660–673.

12. Edmund Phelps and John G. Riley, "Rawlsian Growth: Dynamic Programming of Capital and Wealth for Intergenerational 'Maximin' Justice," *Review of Economic Studies* 45, no. 1 (February 1978): 103–120.

13. Philippe Van Parijs, *Real Freedom for All: What (If Anything) Can Justify Capitalism?* (Oxford: Clarendon Press, 1995).

14. Edmund Phelps, "Subsidize Wages: Response to Philippe Van Parijs 'A Basic Income for All'," *Boston Review*, October 1, 2000.

15. 这些最近的批评见我的文章: "Poverty as Injustice," *Project Syndicate*, August 28, 2020。

16. Daron Acemoglu, "Why Universal Basic Income Is a Bad Idea," *Project Syndicate*, June 7, 2019.

17. Thomas Kuhn, *The Structure of Scientific Revolutions* (Chicago: University of Chicago Press, 1962).

18. Edmund Phelps, *Studies in Macroeconomic Theory*, vol.1, *Employment and Inflation* (Cambridge, MA: Academic Press,1979); and Edmund Phelps, *Studies in Macroeconomic Theory*, vol. 2, *Redistribution and Growth* (Cambridge, MA: Academic Press, 1980).

第五章 供给学派、"新古典"和非凯恩斯式萧条

1. Jimmy Carter, "Energy and the National Goals—A Crisis of Confidence," (Speech, Washington, DC, July 15, 1979), American Rhetoric. https://www.americanrhetoric.com/speeches/jimmycartercrisisofconfidence.htm.

2. Robert Mundell, "The Monetary Economics of International Adjustment Under Fixed and Flexible Exchange Rates," *Quarterly Journal of Economics* 74, no. 2 (May 1960): 227–257.

3. Robert Mundell, "Monetary Relations Between Europe and America," in

North American and Western European Economic Policies: Proceedings of the International Economic Association, ed. C. P. Kindleberger and Andrew Schonfield (London: St. Martin, 1971), 237–256.
4. 蒙代尔对这一论点的阐述已发表："The Dollar and the Policy Mix: 1971" (Essays in International Finance, no. 85, Princeton University Department of Economics, Princeton University, Princeton, NJ, May 1971), 3–34; "Domestic Financial Policies Under Fixed and Floating Exchange Rates" (staff paper, International Monetary Fund, Washington, DC, November 1962), vol. 9, 369–379。
5. John Brooks, "The Supply Side," *New Yorker*, April 12, 1982.
6. Robert Mundell, "A Reconsideration of the Twentieth Century" (Nobel Prize Lecture, Stockholm, Sweden, December 8, 1999). https://www.nobelprize.org/uploads/2018/06/mundell-lecture.pdf.
7. Paul Samuelson, "The New Look in Tax and Fiscal Policy" in *The Collected Scientific Papers of Paul A. Samuelson*, vol. 2, ed. Joseph Stiglitz (Cambridge, MA: MIT Press, 1966), 1325–1330.
8. Samuelson, "The New Look in Tax and Fiscal Policy," 1329.
9. 蒙代尔在其诺贝尔奖演讲的脚注中写道，1968年秋天，"尼克松新政府的特别工作组建议采取紧缩货币政策和紧缩财政政策，我认为这是不正确的"。正如我在20世纪60年代末的回忆录中所指出的，我是该工作组的成员。虽然我们的报告主张采取紧缩的货币政策，比我认为我们达成一致的政策还要紧缩，但我不记得我们也主张采取紧缩的财政政策。（杜鲁门政府曾主张紧缩财政，以缩减第二次世界大战留下的巨额公共债务，正如蒙代尔指出的那样，肯尼迪政府也曾提出减税立法。）
10. Edmund Phelps, "Introduction: The New Microeconomics in Employment and Inflation Theory," in *Microeconomic Foundations of Employ-*

ment and Inflation Theory*, ed. Edmund Phelps (New York: Norton, 1970; London: Macmillan, 1971), 22.

11. Roman Frydman and Edmund Phelps, eds., *Individual Forecasting and Aggregate Outcomes: "Rational Expectations" Examined* (Cambridge: Cambridge University Press, 1983).

12. Edmund Phelps, *Political Economy: An Introductory Text* (New York: Norton, 1985), 14.

13. Phelps, *Political Economy*, 5.

14. Phelps, *Political Economy*, 108.

15. 参见 Edmund Phelps and Sidney G. Winter, "Optimal Price Policy Under Atomistic Competition, " in *Microeconomic Foundations of Employment and Inflation Theory*, 309–337。我在意大利银行撰写并提交了最后一篇论文, "The Effectiveness of Macropolicies in a Small Open-Economy," Banca d'Italia, Discussion Paper No. 63 (May 1986)。这篇论文后来发表在 *Money, Macroeconomics, and Economic Policy: Essays in Honor of James Tobin*, ed. William C. Brainard, W. D. Nordhaus, and H. W. Watts (Cambridge, MA: MIT Press, 1991), 125–147。

16. Edmund Phelps and Jean-Paul Fitoussi, "Causes of the Slump in Europe," *Brookings Papers on Economic Activity* 16, no. 2 (December 1986): 497–498.

第六章 变革的 10 年

1. 这篇文章首次发表于 *Revista di politica economica* 81 (November 1991); 随后出版在 Kenneth Arrow and Edmund Phelps, "Proposed Reforms of the Economic System of Information and Decision in the USSR: Commentary and Advice," *Privatization Processes in Eastern Europe: Theoretical Foundations and Empirical Results*, ed. Mario Baldassarri, Luigi Paganetto,

and Edmund Phelps (London: Macmillan, 1993), 15–47。

2. Arrow and Phelps, "Proposed Reforms," 15.
3. Arrow and Phelps, "Proposed Reforms," 20.
4. Arrow and Phelps, "Proposed Reforms," 24.
5. Arrow and Phelps, "Proposed Reforms," 25.
6. Edmund Phelps, "The Argument for Private Ownership and Control," *Appendix to EBRD Economic Review: World Economic Outlook* (London: European Bank for Reconstruction and Development, September 1993).
7. 关于蒙代尔-弗莱明模型的起源，见 Robert Mundell, "Capital Mobility and Stabilization Policy Under Fixed and Flexible Exchange Rates," *Canadian Journal of Economics and Political Science* 29, no. 4 (November 1963): 475–485; Marcus J. Fleming, "Domestic Financial Policies Under Fixed and Floating Exchange Rates," *IMF Staff Papers* 9 (June 1962): 369–379。
8. 我在1968年发表的关于"货币工资动态"的论文中介绍了工资预期，并以此为基础推导了"货币工资"的"黏性"；我在1967年发表的关于"菲利普斯曲线"的论文中提出了价格预期，并以此为基础推导了黏性通货膨胀率，这些都为凯恩斯的思想提供了支持。Edmund Phelps, "Money-Wage Dynamics and Labor-Market Equilibrium," *Journal of Political Economy* 76, no. 4 (1968): 678–711; "Phillips Curves, Expectations of Inflation, and Optimal Unemployment Over Time," *Economica* 34, no. 135 (1967): 254–281。
9. John Maynard Keynes, "The Balance of Payments of the United States," *Economic Journal* 56, no. 222 (June 1946): 186.
10. 该论文的一个版本是 Edmund Phelps, "A Working Model of Slump and Recovery from Disturbances to Capital Goods Demand in an Open Non-Monetary Economy," *America Economic Review* 78, no. 2 (1988): 346–

350。另一篇论文是 Edmund Phelps, "Effects of Productivity, Total Domestic-Product Demand, and 'Incentive Wages' on Employment in a Non-Monetary Customer-Market Model of the Small Open Economy," *Scandinavian Journal of Economics* 92, no. 2 (1990): 353–367。

11. 云天德和我撰写的一篇论文于 1992 年在《美国经济评论》上发表；卡纳吉尼斯和我撰写的一篇论文于 1994 年在《金融档案》上发表；索伊加在哥伦比亚大学撰写的关于他所做的一些统计测试的论文于 1993 年通过了答辩。Edmund Phelps and Hian Teck Hoon, "Macroeconomic Shocks in a Dynamized Model of the Natural Rate of Unemployment," *American Economic Review* 82, no. 4 (September 1992): 889–900; Edmund Phelps and George Kanaginis, "Fiscal Policy and Economic Activity in the Neoclassical Theory with and without Bequests," *Finanz Archiv* 51, no. 2 (1994): 137–171。

12. Edmund Phelps, with Hian Teck Hoon, George Kanaginis, and Gylfi Zoega, *Structural Slumps: The Modern Equilibrium Theory of Unemployment, Interest, and Assets* (Cambridge, MA: Harvard University Press, 1994), 7–11.

13. Phelps, *Structural Slumps*, 69.

14. Phelps, *Structural Slumps*, 70.

15. Phelps, *Structural Slumps*, 70–82.

16. Phelps, *Structural Slumps*, 85.

17. 有关布兰查得-亚里模型的更多信息，请参见 Olivier J. Blanchard, "Debt, Deficits and Finite Horizons," *Journal of Political Economy* 93 (April 1985): 223–247。关于卡尔沃-鲍尔斯模型的更多信息，见 Guillermo A. Calvo, "Quasi-Walrasian Models of Unemployment," *American Economic Review* 69 (May 1979): 102–108; Samuel Bowles, "A Marxian Theory of Unemployment," (lecture, Columbia University, New York, April 1979)。

18. 见 Phelps, *Structural Slumps*, 97 中的图 8.1。

19. Phelps, *Structural Slumps*, 101.
20. Phelps, *Structural Slumps*, 128–130.
21. Phelps, *Structural Slumps*, 141.
22. Phelps, *Structural Slumps*, 143.
23. Phelps, *Structural Slumps*, 143–144.
24. Phelps, *Structural Slumps*, 144.
25. Phelps, *Structural Slumps*, 311.
26. Phelps, *Structural Slumps*, 311–312.
27. Phelps, *Structural Slumps*, 313–319。第17.1节提供并讨论了模型方程的结构和统计方法。
28. Phelps, *Structural Slumps*, 320–321.
29. Phelps, *Structural Slumps*, 327–329.
30. Phelps, *Structural Slumps*, 330.
31. Phelps, *Structural Slumps*, 329.
32. Phelps, *Structural Slumps*, 342.
33. Phelps, *Structural Slumps*, 封底。
34. Michael Woodford, "Review: Structural Slumps," *Journal of Economic Literature* 32, no. 4 (December 1994): 1784–1815.
35. 《纽约时报》的这篇文章是彼得·帕塞尔撰写的,而《经济学人》的这篇文章无疑是克莱夫·克鲁克撰写的。
36. Edmund Phelps, *Rewarding Work: How to Restore Participation and Self-Support to Free Enterprise* (Cambridge, MA: Harvard University Press, 1997), 14.
37. Phelps, *Rewarding Work*, 22.
38. Phelps, *Rewarding Work*, 103–104.
39. Phelps, *Rewarding Work*, 171.
40. Phelps, *Rewarding Work*, 137.

41. Edmund Phelps, "Introduction," in *Designing Inclusion: Tools to Raise Low-End Pay and Employment in Private Enterprise,* ed. Edmund Phelps (Cambridge: Cambridge University Press, 2003), 2–4.
42. Phelps, "Introduction," in *Designing Inclusion*, 2–4.
43. Phelps, "Introduction," in *Designing Inclusion*, 9.
44. Edmund Phelps, "A Strategy for Employment and Growth," *Rivista Italiana degli Economisti* 2, no.1 (April 1997): 126–128.
45. Phelps, "A Strategy for Employment and Growth," 126–128.

第七章 理论创新与学术巅峰

1. Paul Samuelson, "Edmund Phelps, Insider-Economists Insider," in *Knowledge, Information, and Expectations in Modern Macroeconomics*, ed. Philippe Aghion, Roman Frydman, Joseph Stiglitz, and Michael Woodford (Princeton, NJ: Princeton University Press, 2003), 1–2.
2. 关于"费尔普斯计划"的详细讨论，参见 Philippe Aghion, Roman Frydman, Joseph Stiglitz, and Michael Woodford, "Edmund Phelps and Modern Macroeconomics," in *Knowledge, Information, and Expectations*, 4–11。
3. Edmund Phelps, "A Life in Economics," in *The Makers of Modern Economics*, vol. 2, ed. A. Heertje (Aldershot, UK: Edward Elgar, 1995), 93。这篇文章被学者罗伯特·戴曼德在其富有洞察力的传记中引用："Edmund Phelps and Modern Macroeconomics," *Review of Political Economy* 20, no. 1 (January 2008): 23–29。
4. Thomas Nagel, "Aristotle on Eudaimonia," *Phronesis* 17, no. 3 (1972): 252–259.
5. Edmund Phelps, "Economic Prosperity and the Dynamism of Economic Institutions" (Shaw Foundation Distinguished Lecture, Singapore

Management University, Singapore, January 2003; Lecture, Royal Institute of Economic Affairs, London, March 2003), 1–2。该演讲后来发表于 *The Economic Prospects of Singapore*, ed. W. T. H. Koh and R. Mariano (Singapore: Addison-Wesley, 2005), 299–333。

6. Phelps, "Economic Prosperity and the Dynamism," 10–11.
7. Phelps, "Economic Prosperity and the Dynamism," 10–11.
8. Robert Solow, "A Contribution to the Theory of Economic Growth," *Quarterly Journal of Economics* 70, no. 1 (February 1956): 65–94.
9. Edmund Phelps, "The Economic Performance of Nations", 1–3（论文发表于 2006 年 1 月在波士顿举行的美国经济学会第 118 届年会"威廉·鲍莫尔企业家精神、创新和利伯维尔场经济的增长机制"特别会议）；后收录于 *Entrepreneurship, Innovation, and the Growth Mechanism of Free Enterprise Economies*, ed. Eytan Sheshinski, Robert J. Strom, and William J. Baumol (Princeton, NJ: Princeton University Press, 2007): 342–356。在确认这篇论文与其他论文（包括肯尼斯·阿罗和罗伯特·索洛的论文）的同一封电子邮件中，艾坦·谢辛斯基说这篇论文"当然是一篇好论文"。
10. Phelps, "The Economic Performance of Nations," 3–4.
11. 文章接续如下：亚里士多德在《尼各马可伦理学》中以"人人渴望知识"为前提，讨论了工作、学习、发展、享受和幸福之间的关系。切利尼在他的《自传》中是追求成就和成功的自由个人主义者的原型。斯密提出了自助和竞争的社会价值，并倡导广泛参与这种商业生活。萨伊赞美企业家在追求更高收益的过程中不断重塑经济，而孔多塞将这些经济企业家的生产力置于政治企业家争夺政治利益的零和结果之上。显然，美国的价值观源于这种欧洲思想。这一思想脉络一直延续到 18 世纪以后。在后来的几个世纪中，亨利·柏格森将变革的潜力视为生命力，认为美好生活是一种不断"成为"而不仅仅是"存在"

的生活。马歇尔将工作场所视为人们大部分精神活动的源泉，而缪达尔认为工作很快就会比消费更能满足大多数人的需求。参见 Phelps, "The Economic Performance of Nations," 4。

12. Edmund Phelps, "Toward a Model of Innovation and Performance Along the Lines of Knight, Keynes, Hayek and M. Polanyi", 1–5（论文发表于 2006 年 5 月 8 日至 9 日在德国泰根湖畔的林伯格城堡举办的马克斯·普朗克研究所"创业与经济增长会议"）; 后收录于 *Entrepreneurship, Growth, and Public Policy*, ed. Zoltan J. Acs, David B. Audretsch, and Robert Strom (Cambridge: Cambridge Press, 2009): 35–70。

13. Phelps, "Toward a Model of Innovation," 5–6.
14. Phelps, "Toward a Model of Innovation," 5–6.
15. Phelps, "Toward a Model of Innovation," 12.
16. Phelps, "Toward a Model of Innovation," 14–15.
17. Phelps, "Toward a Model of Innovation," 14–15.
18. Phelps, "Toward a Model of Innovation," 15–16.
19. Phelps, "Toward a Model of Innovation," 23.
20. Phelps, "Toward a Model of Innovation," 24.
21. Phelps, "Toward a Model of Innovation," 24.
22. 这引起了"联合供稿项目"的注意，该项目于 2021 年 5 月 4 日采访了我，并邀请我说出更多想法。

第八章　本土创新的巨大浪潮、有意义的工作和美好生活

1. Friedrich Hayek, "The Use of Knowledge in Society," *American Economic Review* 35, no. 4 (September 1945): 523–524.
2. Edmund Phelps, *Mass Flourishing: How Grassroots Innovation Created Jobs, Challenge, and Change* (Princeton, NJ: Princeton University Press, 2013), 31–32.

3. Michael Polanyi, *Personal Knowledge: Toward a Post-Critical Philosophy* (London: Routledge and Kegan Paul, 1958, 1962), 5.
4. Edmund Phelps, "Population Increase," *Canadian Journal of Economics* 1, no. 3 (1968): 497–518.
5. Phelps, *Mass Flourishing*, 1n1.
6. Phelps, *Mass Flourishing*, 9, 19–20.
7. Phelps, *Mass Flourishing*, 27–28.
8. Abraham Lincoln, "Second Lecture on Discoveries and Inventions," February 11, 1859, Young Men's Association of Bloomington, IL.
9. Frank Taussig, "Some Aspects of the Tariff Question," *Quarterly Journal of Economics* 3, no. 1 (April 1889): 259–292。另请参阅他 1915 年发表的同名文章。
10. 借用伦纳德·伯恩斯坦演讲的题目。
11. Phelps, *Mass Flourishing*, 97–98.
12. Phelps, *Mass Flourishing*, 29.
13. Phelps, *Mass Flourishing*, 98–99.
14. Phelps, *Mass Flourishing*, 99–100.
15. Phelps, *Mass Flourishing*, 100.
16. Phelps, *Mass Flourishing*, 101.
17. Phelps, *Mass Flourishing*, 101.
18. Phelps, *Mass Flourishing*, 280–282.
19. Phelps, *Mass Flourishing*, 269.
20. Phelps, *Mass Flourishing*, 211–212.
21. Phelps, *Mass Flourishing*, 9n11.
22. 有关更详尽的阐释，请参见 Phelps, *Mass Flourishing*, 26–27。
23. 关于斯皮霍夫-索洛模型，请参见 Arthur Spiethoff, "Krisen," in *Handworterbuch der Sozialwissenschaften*, vol. 6, ed. L. Elster, A. Weber, and F.

Wieser (Jena: G. Fischer, 1923), 8–91; Robert Solow, "A Contribution to the Theory of Economic Growth," *Quarterly Journal of Economics* 70, no. 1 (February 1956): 65–94。关于阿吉翁-豪伊特模型，请参见 Philippe Aghion and Peter W. Howitt, *Endogenous Growth Theory* (Cambridge, MA: MIT Press 1997)。另请参见 *The Economics of Creative Destruction*, ed. Ufuk Akcigit and John Van Reenen (Cambridge, MA: Harvard University Press, 2022); Richard R. Nelson and Sidney G. Winter, *An Evolutionary Theory of Economic Change* (Cambridge, MA: Harvard University Press, 1982)。

24. Edmund Phelps, "Economic Culture and Economic Performance: What Light Is Shed on the Continent's Problem", 12（该文件是 2006 年 7 月 21 日至 22 日伊福经济研究所和哥伦比亚大学资本主义与社会研究中心在意大利威尼斯联合举办的会议上提交的 17 号工作文件）。

25. Phelps, "Economic Culture and Economic Performance," 11.

26. 该指数的构建在《大繁荣》第 212 页有解释说明；这种关系在散点图（图 8.5，《大繁荣》第 214 页）中有所展示。

27. 按照出现的顺序：我写了引言，博吉洛夫写了第一部分（第 1—3 章和第 6 章），索伊加写了第二部分（第 4—5 章和第 7 章），而云天德写了第三部分（第 8—10 章）。

28. Edmund Phelps, Raicho Bojilov, Hian Teck Hoon, and Gylfi Zoega, *Dynamism: The Values That Drive Innovation, Job Satisfaction, and Economic Growth* (Cambridge, MA: Harvard University Press, 2020), 22.

29. Phelps, Bojilov, Hoon, and Zoega, *Dynamism*, 24.

30. Phelps, Bojilov, Hoon, and Zoega, *Dynamism*, 26.

31. Phelps, Bojilov, Hoon, and Zoega, *Dynamism*, 28.

32. 关于创新与高工作满意度之间的关系，请参阅费尔普斯、博吉洛夫、云天德和索伊加合著的《活力》第 146 页的表 7.1；关于创新与幸福之间的关系，请参阅《活力》第 148 页的图 7.3。
33. 请参阅费尔普斯、博吉洛夫、云天德和索伊加合著的《活力》一书中第 42 页的表 1.1。
34. Phelps, *Mass Flourishing*, 324.
35. Richard Robb, *Willful: How We Choose What We Do* (New Haven, CT: Yale University Press, 2019), 191.

尾　声

1. 源自莫莉·沃顿在其文章《思想家的生活》中的一句话，这篇文章发表在《耶鲁校友杂志》2021 年 7/8 月刊上。
2. Richard Robb, *Willful: How We Choose What We Do* (New Haven, CT: Yale University Press, 2019), 17.
3. Amartya Sen, *Home in the World: A Memoir* (London: Allen Lane, 2021).
4. 引自 Edmund Phelps, with Hian Teck Hoon, George Kanaginis, and Gylfi Zoega, *Structural Slumps: The Modern Equilibrium Theory of Unemployment, Interest, and Assets* (Cambridge, MA: Harvard University Press, 1994), 12。

译者后记

我有幸参与埃德蒙·费尔普斯教授的最新著作《埃德蒙·费尔普斯：我的经济学之旅》的翻译工作，这不啻于一次穿越时空的对话，一次厚植新知的洗礼，让我的世界更广阔了。

而这广阔的世界里充盈着我的万千回忆。从初读《大繁荣》时的耳目一新、醍醐灌顶，到2019年新瑞学院教授会议初次谋面的欣喜难忘，再到2020年初赴美国哥伦比亚大学访学的深刻记"疫"，随着与费尔普斯教授交集渐深，这样一位充满传奇色彩的诺贝尔经济学奖得主为我推开了一扇新世界的大门。于是在2023年，我与恩师何志毅教授联合翻译了《增长的逻辑》一书，并由中信出版集团出版发行，这是费尔普斯教授关于中国的 26 篇论文的合集，能以此书作为费老 90 岁生日献礼，也让何志毅教授和我终于得偿所愿。再回首，我在经济学的世界里一路走来离不开费尔普斯教授的厚爱与何志毅教授的提携。

当得知费尔普斯教授这部自传性的著作即将发行中文版时，我便主动请缨参与翻译工作，因为于我而言，这不是一项可有可无的翻译工作，而是一次与我所追随的大师的对话，恩师何志毅教授依然是我的领路人。

所以，自这本书的筹备至发行期间，基于前期对《增长的逻辑》进行收集、编辑及出版所积累的经验，我们以最快的速度组建了《埃德蒙·费尔普斯：我的经济学之旅》书稿翻译推动小组，并开始了前期的资料搜集和知识强化，让此项工作的推动更加有条不紊，并且在此过程中也赢得了何志毅教授的信任和支持。

何志毅教授率先完成了前言及尾声的翻译工作，以此树立"信、达、雅"的翻译标杆，并倾心指导后续工作的开展。面对书中诸多经济学及其他学科领域的人名、书名和各种理论观点，推动小组成员充分利用春节假期、周末休息的时间，研读国内外诸多相关图书，并快速输出、敏捷迭代。在具体分工方面，由何志毅教授与我带领杨延良、李晓鹏、翟玉玺、要璐瑶及张智分工完成全书的整理、翻译和校对工作，特邀河南大学王天雨副教授、刘晓静及孙英伟女士等人通稿校对。最难能可贵的是，团队成员不曾轻易放过所收到的每一条反馈信息，而是反复查阅文献、请教专家、集中讨论，直至找到"最优解"。最终，由何志毅教授与我统一全书。

其间，国务院参事室特约研究员、中国劳动学会会长杨志明先生，中国劳动和社会保障科学研究院大数据和政策仿真研究室张一名主任，美国加利福尼亚大学欧文分校张弘毅，马来西亚理科大学刘晓桐，郑州源创基因科技有限公司董事长赵辉博士，河南省人才集团王利军总经理、雷玉良和雷伟华先生，北京新瑞蒙代尔企业家研修学院赵辉先生，郑州大学管理学院党委书记王淑英教授，河南省继续工程教育协会刘俊航先生、李丽女士，以及丁聪先生、王旸先生、齐珂先生等对文稿的翻译等工作亦给予诸多帮助。

尤其要感谢林政辉先生对译者的工作和交流给予了大力支持。在此谨向他们致以深深的感谢，并永志于心！同时，中信出版集团总出版人蒋永军、中信出版集团前沿社主编邵玥在本书的出版发行过程中亦给予了特别支持，中信出版集团前沿社策划编辑王佳恋在编排过程中耐心专业、尽职尽责，做出了重要贡献，一并表示感谢！

简单的统计显示，本书中共计出现了 400 多名来自各行各业的名人名家，其中荣获过诺贝尔奖的学术泰斗多达 32 人，涉及图书 69 部，理论模型更是不计其数，足见这本书的广度、厚度及翻译难度。虽然在追求"信、达、雅"的翻译之路上译者已拼尽全力，但碍于水平有限，难免存在疏漏之处，恳请各界专家和读者多多批评指正，激励我们继续精进！

最后，在此书即将付梓之时，我忍不住再次翻开书桌上的一摞摞手稿、一部部参考书，字里行间满是圈圈画画、斟词酌句的痕迹。是的，使命感驱动我们笃行不怠，将这本书慢慢写厚又缓缓变薄，而其中不变的是我们的诚意与热忱，乐与诸位有缘之人同分享！

张占武

2024 年 10 月